KB107882

MARVEL MUSEUM

네드 하틀리 글 | 롭 워드 디자인 | 박여진 번역

First published in the UK in 2019
by Studio Press Books,
part of Bonnier Books UK

Printed in China

Written by Ned Hartley
Edited by Emma Drage
Designed by Rob Ward

마블 뮤지엄 처음 펴낸날 2023년 11월 20일 | **지은이** 네드 하틀리 | **디자인** 롭 워드 | **옮긴이** 박여진
펴낸이 김옥희 | **펴낸곳** 애플트리태일즈 | **출판등록** (제16-3393호) | **주소** 서울시 강남구 테헤란로 201(아주빌딩), 501호 (우)06141
전화 (02)557-2031 | **팩스** (02)557-2032 | **홈페이지** www.appletreetales.com | **페이스북** https://www.facebook.com/appletales
트위터 https://twitter.com/appletales1 | **인스타그램** @appletreetales, @애플트리태일즈
가격 34,000원 | ISBN 979-11-92058-25-2 (03680)

마블 뮤지엄으로 초대합니다

들어가며

마블의 성공 비결에는 비밀이 없다.
스탠 리Stan Lee는 늘 마블의 성공 비결을
터놓고 이야기했는데, 마블 캐릭터가
여느 슈퍼 히어로와 차별화되는 점은
'사람이 우선, 슈퍼 히어로는 그 다음'이라고 했다.

그래서 마블의 캐릭터들은 독자들과 똑같이 일상의 문제를 고민하며 살아간다. 집세를 내려고 아등바등하고, 사랑하는 이에게 마음을 고백하고 싶어 안절부절못하고, 목숨 걸고 지키려 하는 세상으로부터 인정받지 못해 괴로워한다.

마블의 백미인 화려한 의상과 엄청난 초능력은 마블이 보여 주는 환상적인 세계의 일부에 지나지 않는다. 독자들이 매달 마블 코믹스를 기다리고 자신이 좋아하는 캐릭터에게 무슨 일이 생길지 궁금해하는 이유는 바로 캐릭터의 인간미 때문이다. 마블의 영웅들은 평범한 사람들처럼 감정을 느끼고, 소소한 문제들로 고민하며 살아간다. 그래서 사람들은 마블 캐릭터를 친근한 친구처럼 느끼고 그들이 힘들어할 때 같이 힘들어한다. 마블 캐릭터가 힘겹게 싸워 승리하면 독자들 역시 카타르시스를 느끼고 힘을 얻는다!

게다가 요즘 나오는 마블 영화에는 여러 캐릭터가 같은 세상에 존재하기 때문에 언제 헐크가 씽과 한 판 붙을지, 언제 데드풀이 스파이더맨의 얼굴에 파이를 집어 던질지 예측할 수 없다. 마블의 모든 이야기는 독립적이지만, 이 독립적 서사들이 모여서 크고 원대한 세계로 완성되는 것이 바로 마블의 세계이다!

이 책에는 마블의 주요 캐릭터와 그 캐릭터를 창조한 작가들의 이야기가 담겨 있다. 하지만 이는 시작에 불과하다. 마블 코믹스를 한 권씩 집어 들 때마다 새롭고 놀라운 이야기를 만날 수 있다. 책을 펼치면 무엇을 상상하든 상상 그 이상의 일들이 펼쳐질 것이기 때문이다!

톰 브리보어트Tom Brevoort 마블 코믹스 편집장

마블 뮤지엄

1장

비밀의 서막

마블 코믹스 #1
연대표
타임리 코믹스

마블 코믹스 #1

《마블 코믹스》 #1의 등장은 대단했다. 지금까지 이런 만화는 없었다. 1939년 10월, 타임리 출판사Timely Publications에서 발행한 이 만화책은 독자들에게 '액션, 미스터리, 모험'을 선사하겠노라고 선언했다. 표지 그림은 공상 과학 전문 그림 작가인 프랭크 폴Frank R Paul이 그렸다. 불타오르는 거대한 존재가 인간이 가슴에 쏜 총알 따위는 아랑곳하지 않은 채 오히려 웃고 있다. 불덩어리 휴먼 토치는 이렇게 첫 등장을 알렸다.

휴먼 토치는 과학 실험 도중 광전자의 결함으로 생겨났으며 인간처럼 느끼고 생각하지만 산소에 노출되면 화염에 휩싸이는, 저주받은 안드로이드다. 작가이자 그림 작가인 칼 브루고스Carl Burgos가 창작한 휴먼 토치의 힘은 축복이자 저주였다. 매 순간 주변 사람들을 불태우지 않으려고 힘겹게 노력해야 했기 때문이다. 하지만 휴먼 토치는 밝고 영웅심이 강한 캐릭터로, 자신을 창조한 이에게 산 채로 매장당했지만 인류애를 잃지 않고 영웅답게 살아간다. 처음부터 마블 캐릭터들은 저마다 부족한 점이 있었으며 그런 결함에도 불구하고 옳은 일을 위해 애쓰는 존재들이었다.

서브마리너인 네이머는 인간이 아니다. 글 작가이자 그림 작가인 빌 에버렛Bill Everett은 네이머를 만화에서 처음 소개할 때 '심해의 울트라맨'으로 묘사했다. 네이머는 수중 종족인 서브마리너의 일원으로 서사 초반에는 인류와의 전쟁을 벌였으며 그 전쟁의 결과는 결말이 없는 채로 끝났다.

그 밖에도 정글의 제왕 카자르, 콧수염이 난 엔젤, 서부 시대의 가면 쓴 라이더 등이 있었으나 휴먼 토치와 서브마리너가 가장 획기적이고 흥미진진한 캐릭터였다.

이 만화책은 90만 부 가까이 팔리며 엄청난 성공을 거두었고 새로운 미국 예술의 근간을 다지는 데 크게 기여했다. 마블 코믹스 창간호가 성공하자 회사에서는 더 많은 만화를 더 빨리 만들어 내야 했다. 타임리 출판사의 대표 마틴 굿맨Martin Goodman은 출판사를 확장하며 기업의 규모를 키웠다. 이렇게 해서 그 유명한 《마블 코믹스Marvel Comics》가 탄생했다.

그림 설명

1: 《마블 코믹스》 #1
1939년 10월

서브마리너(네이머)와 휴먼 토치가 처음으로 등장했다.

10¢
MARVEL COMICS
OCT.
This Month
"THE HUMAN TORCH"
"THE ANGEL"
"SUBMARINER"
"MASKED RAIDER"
Featuring
KA-ZAR THE GREAT
12 PAGES OF JUNGLE ADVENTURE!
ACTION
MYSTERY
ADVENTURE

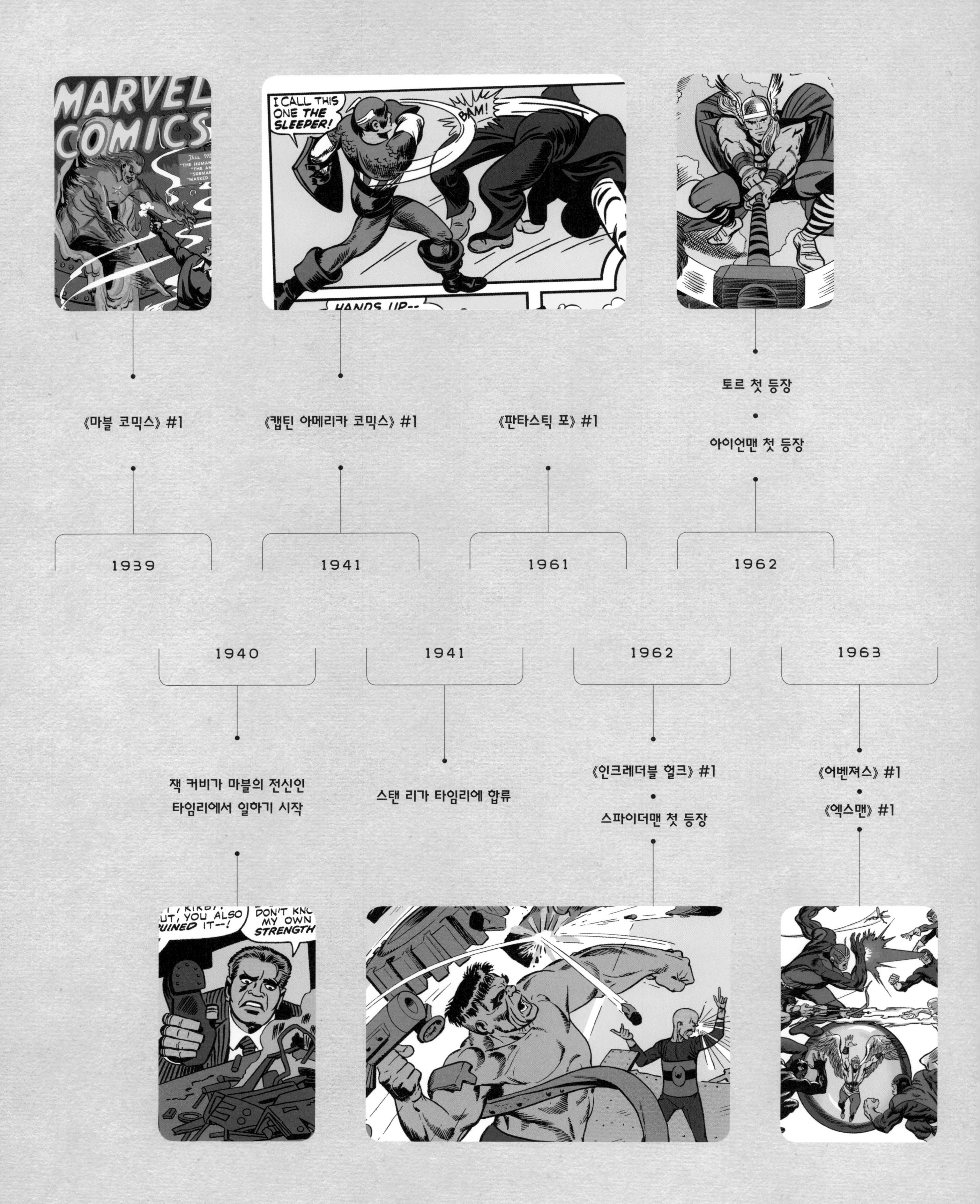
MARVEL COMICS
I CALL THIS ONE THE SLEEPER!
BAM!
1939
《마블 코믹스》 #1
1941
《캡틴 아메리카 코믹스》 #1
1961
《판타스틱 포》 #1
1962
토르 첫 등장
아이언맨 첫 등장
1940
잭 커비가 마블의 전신인
타임리에서 일하기 시작
1941
스탠 리가 타임리에 합류
1962
《인크레더블 헐크》 #1
스파이더맨 첫 등장
1963
《어벤져스》 #1
《엑스맨》 #1

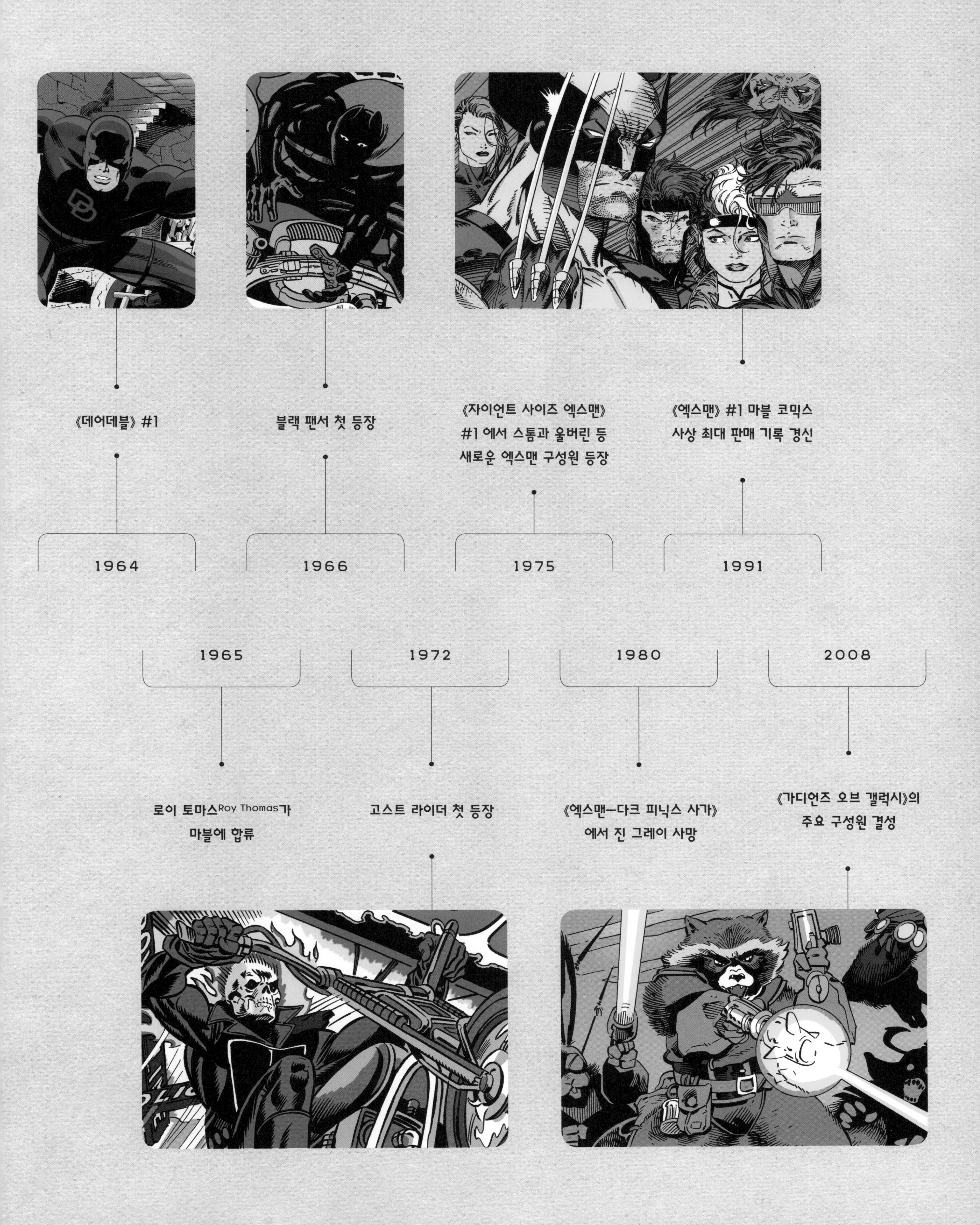
1964
《데어데블》 #1
1965
로이 토마스Roy Thomas가
마블에 합류
1966
블랙 팬서 첫 등장
1972
고스트 라이더 첫 등장
1975
《자이언트 사이즈 엑스맨》
#1 에서 스톰과 울버린 등
새로운 엑스맨 구성원 등장
1980
《엑스맨-다크 피닉스 사가》
에서 진 그레이 사망
1991
《엑스맨》 #1 마블 코믹스
사상 최대 판매 기록 경신
2008
《가디언즈 오브 갤럭시》의
주요 구성원 결성

타임리 코믹스

《마블 코믹스》를 출간한 지 얼마 되지 않아 타임리 코믹스는 미국에서 가장 큰 출판사 대열에 합류했다. 마틴 굿맨은 조 사이먼Joe Simon과 잭 커비Jack Kirby를 편집팀에 영입해 만화 제작에 더욱 박차를 가했다. 《마블 코믹스》는 《마블 미스터리Marvel Mystery》로 이름을 바꾸었지만 휴먼 토치와 서브마리너 캐릭터는 여전히 존재했으며 《마블 미스터리》 #8에서 서로의 이야기에 등장하기도 하고 #9에서는 서로 싸우기도 한다. 마블 최초로 크로스오버가 등장한 셈이다. 이에 휴먼 토치는 자신의 이름을 건 만화책에서 자신만의 모험 이야기를 펼쳤고 꼬마 조력자 토로도 생겼다. 토로 역시 휴먼 토치와 마찬가지로 몸이 영원히 불타는 존재로 살아야 하는 운명이었다. 네이머(서브마리너)는 1941년에 비로소 자신의 이름을 단 만화책을 내게 되었지만 이미 그 이전에 더 큰 규모의 모험담에도 등장했다.

독일에서 나치가 급부상할 무렵 《캡틴 아메리카 코믹스Captain America Comics》 #1이 출간되었다. 표지에는 히틀러의 얼굴에 주먹을 날리는 캡틴 아메리카의 모습이 그려져 있었다. 조 사이먼과 잭 커비는 한때 몸무게가 40kg 남짓이었던 약골이 '슈퍼 솔저 혈청'을 주입해 최고의 신체 능력을 갖춘 영웅으로 재탄생하는 이야기를 선보였다. 조력자 버키Bucky(버키라는 이름은 조 사이먼이 다녔던 고등학교 농구팀의 스타 선수 이름이다)까지 합세하며 캡틴 아메리카는 만화에서 새로운 차원의 애국심을 보여 주었고 《캡틴 아메리카 코믹스》 #1은 100만 부 이상 판매되면서 타임리에서 가장 많이 팔린 책이 되었다. 미국인들은 성조기의 별을 달고 활약하는 영웅의 모험에 열광했다! 타임리 코믹스에서 다른 영웅들도 선보였지만 캡틴 아메리카와 서브마리너, 휴먼 토치의 인기는 단연 압도적이었다.

타임리 코믹스의 업무량이 갑자기 늘어나자 마틴 굿맨은 자신을 도와줄 사람이 필요했다. 마침 굿맨의 젊은 처조카 스탠 리 마틴 리버Stanley Martin Lieber가 일자리를 구하고 있다는 소식을 듣고 1941년 그를 영입했다. 타임리에 입사한 지 몇 달 만에 그는 첫 작품 《캡틴 아메리카: 배신자의 반란을 막다Captain America Foils the Traitor's Revenge》를 썼는데 당시엔 본명이 아닌 필명을 사용했다. 그의 필명이 바로 스탠 리Stan Lee다. 이후로도 그는 스탠 리라는 필명을 계속 사용했고 그 이름은 마블 역사에 길이 남게 되었다.

1940년대 타임리는 다양한 만화책을 광범위하게 출간했다. 전쟁 중에는 슈퍼 히어로 장르가 인기를 끌었지만 2차대전이 끝나자 분위기가 바뀌었다. 독자들은 가볍고 유쾌한 동물 이야기를 원했고 이에 《지기 피그Ziggy Pig》, 《실리 실Silly Seal》, 《슈퍼 래빗Super Rabbit》 등과 같은 만화책이 나오기 시작했다. 타임리는 독자들이 원하면 어떤 만화든 만들려고 노력했고 그 결과 40년대에 《간호사 넬리Nellie the Nurse》나 《타이피스트 테시Tessie the Typist》처럼 여성 독자층을 겨냥한 만화책도 나왔다. 스탠 리와 마틴 굿맨은 독자가 원하는 것은 무엇이든 만들어 내려 했고 경쟁사보다 늘 한발 앞서 나가려 했다!

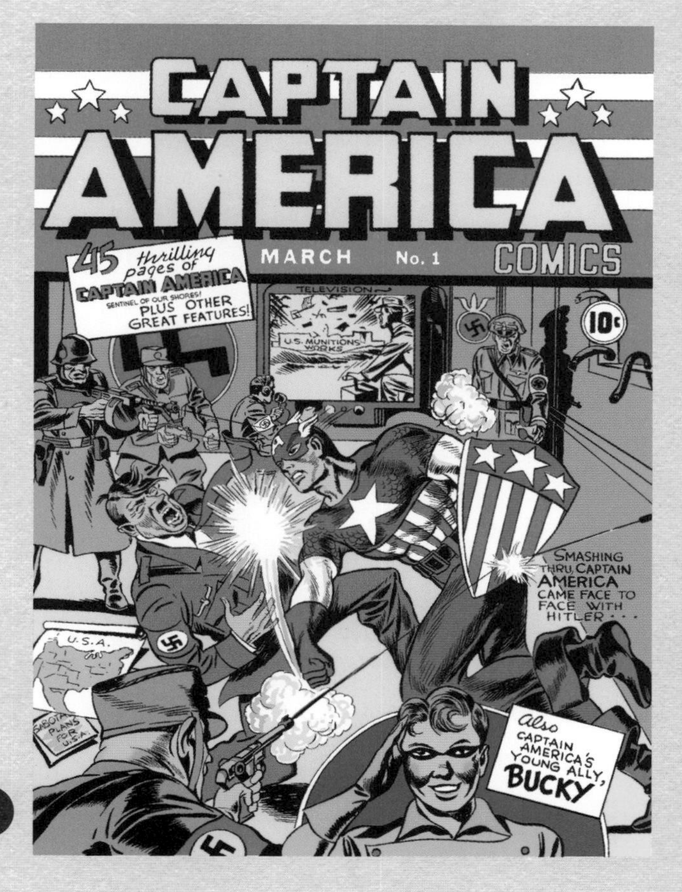

그림 설명

1: 《마블 미스터리 코믹스》 #9
1940년 7월
네이머와 휴먼 토치가 마블 코믹스에서 처음 맞붙는 이야기가 그려진다.

2: 《마블 미스터리 코믹스》 #15
1941년 1월
휴먼 토치와 서브마리너는 한 팀이 되어 함께 나치와 싸운다.

3: 《캡틴 아메리카 코믹스》 #1
1941년 3월
본명이 스티브 로저스인 캡틴 아메리카가 여기에 처음으로 소개되었다.

4: 《캡틴 아메리카 코믹스》 #1
1941년 3월
캡틴 아메리카는 종종 젊은 조력자 버키의 도움을 받는다.

마블 뮤지엄

2장

우주 방사선

아틀라스 코믹스
스탠 리
잭 커비
판타스틱 포

아틀라스 코믹스

1951년, 타임리 코믹스는 표지에 타임리 대신 '아틀라스Atlas'라는 이름을 사용했고 사무실도 엠파이어 스테이트 빌딩 14층으로 옮겼다. 만화에서 슈퍼 히어로의 인기가 시들해지면서 《캡틴 아메리카 코믹스》도 제75권을 끝으로 더 이상 나오지 않았다. 1950년대에 캡틴 아메리카, 네이머, 휴먼 토치가 이따금 만화에 등장하기는 했지만 지난 10년의 영화에 비하면 인기는 시들했다.

아틀라스 코믹스는 TV와 영화의 인기를 따랐고 당시 유행이던 서부극과 괴물 영화의 흐름에 발맞춰 《투 건 키드Two-Gun Kid(쌍권총 소년)》, 《웨스턴 아웃로우Western Outlaw(서부의 무법자)》, 《미스터리 테일즈Mystery Tales(미스터리한 이야기들)》 등을 출간했다. 서부극과 괴물 장르 이후에는 코믹 장르가 유행하기 시작했다. 이에 아틀라스 코믹스는 《밀리 더 모델Millie the Model(모델 밀리)》(1970년대까지 출간), 《팻시 워커Patsy Walker》(팻시 워커는 훗날 마블 코믹스의 '헬켓Hellcat'으로 다시 탄생했다) 등을 출간했다. 독자들이 재미있는 동물 만화를 원하자 《디피 덕Dippy Duck》, 《마빈 마우스Marvin Mouse》, 《더 멍키 앤 더 베어The Monkey and the Bear》 등을 내놓았다. 1950년대 초반에는 《어드벤처 인투 테러Adventures into Terror(무시무시한 모험)》, 《스트레인지 테일스Strange Tales(기묘한 이야기)》 같은 호러 만화도 인기를 끌었다.

1945년 미국 상원 의원들이 만화가 일반 범죄와 청소년 범죄의 주범이라고 비난하자 출판사들은 공동으로 만화 검열 기관을 만들어 만화 내용 및 이야기, 상황 등에 기준을 정해 지키기로 합의했다. 1950년대 중반에는 아틀라스 코믹스의 재정이 악화하면서 한 달에 40~60종씩 발행하던 만화책도 8종으로 줄였다. 그림과 글은 모두 완성되었는데 출간하지 못한 작품이 점점 쌓여 갔다. 아틀라스 코믹스가 버틸 수 있는 기간은 몇 달 남짓이었다. 이 무렵 아틀라스 코믹스의 거의 모든 직원이 해고되고, 펜슬러(스토리에 따라 연필로 밑그림을 그리는 사람-옮긴이)도, 레터러(말풍선 안에 글이나 효과음, 캡션 등의 폰트를 정하는 사람-옮긴이)도, 잉커(펜슬러가 연필로 그린 그림 위에 펜으로 그림을 입히는 사람-옮긴이)도 없었다. 아틀라스 코믹스에서 자리를 유지한 사람은 사실상 스탠 리 혼자였다.

아틀라스 코믹스가 다시 만화를 발간하기 시작했을 때, 모든 작가들은 회사 소속의 정직원이 아니라 페이지당 작업료를 받는 프리랜서였다. 스탠 리는 최고의 작가들이 안정적으로 작품을 만들 수 있을지 걱정했지만, 다행히 잭 커비, 빌 에버렛 그리고 신예 작가인 스티브 딧코Steve Ditko 등이 열정적으로 작품을 만들었다. 《저니 투 미스터리Journey Into Mystery(미스터리 속으로 떠나는 여행)》, 《테일스 투 애스토니쉬Tales to Astonish(놀라운 이야기)》, 《테일스 오브 서스펜스Tales of Suspense(조마조마한 이야기)》 등의 제목으로 화성인, 미이라, 괴물 등이 등장하는 무시무시한 이야기들도 나왔다. 다행히 모두 반응이 매우 좋았다. 하지만 1960년대 슈퍼 히어로가 다시 인기를 끌기 시작하면서 모든 것이 달라졌다.

그림 설명

1. 《테일스 오브 서스펜스》 #1
1959년 1월

표지 삽화는 돈 핵Don Heck의 작품이다. 돈 핵은 1950년대 후반부터 인기를 끈 흥미진진한 공상 과학 이야기를 그렸다.

IND.

TALES OF SUSPENSE

APPROVED BY THE COMICS CODE AUTHORITY

1
JAN.

10¢

BACK TO THE SHIP! THE THING IS INDESTRUCTIBLE!

WHERE DID IT COME FROM? WHAT *IS* IT?

"I DARED TO EXPLORE THE UNKNOWN EMPTINESS!"

DON HECK

스탠 리

스탠 리는 20세기 역사상 가장 놀랍고 흥미진진한 캐릭터들을 만들어 낸 인물이다. 그의 무한한 열정과 따뜻한 정서, 창의력은 여러 세대에 걸쳐 영감을 주었으며 수많은 독자들에게 세상을 보는 새로운 방식을 선사했다. 그의 영웅담은 이 시대의 상징이 되었지만 그가 영웅 서사를 만들기까지는 수많은 우여곡절이 있었다. 하마터면 만화를 포기할 뻔한 적도 있었다.

스탠 리의 부모는 미국 맨해튼의 이민자였다. 재단사인 아버지는 대공황 시기에 일자리를 구하기조차 쉽지 않았다. 스탠은 힘겹게 고생하는 아버지를 보며 열심히 일해서 아버지처럼 고생하며 살지 않겠다고 다짐했다. 스탠이 8살이 되던 해 남동생 래리가 태어났다. 형제는 한 방을 사용하며 어린 시절 함께 자랐다. 래리는 형 스탠을 따라 만화를 그리기 시작했고 훗날 마블에서 수많은 이야기를 창조한 작가가 되었다.

1942년, 군대에 들어간 스탠은 처음엔 통신대에서 근무하다가 나중에 '극작가' 보직을 맡아 훈련 매뉴얼과 군인용 교육 자료를 만드는 일을 했다. 군 복무 기간에도 쉬지 않고 만화 원고를 써서 매주 타임리로 보냈다. 전쟁이 끝나자 스탠 리는 맨해튼으로 돌아와 다시 타임리 코믹스에 복귀했다. 그러던 중 1947년 영국 모델인 조앤 부콕Joan Boocock을 만났다. 스탠은 첫눈에 조앤과 사랑에 빠졌고, 사귄 지 2주 만에 청혼했다. 결혼 후 1950년에 딸 조앤 셀리아 리J.C Lee가 태어났다. 이 모든 일이 스탠이 타임리와 아틀라스 코믹스에서 일하는 동안 일어났다.

1961년, 스탠 리는 문득 만화에 염증을 느꼈고 만화를 그만두고 싶다는 생각까지 했다. 작가들과 함께 하는 모든 과정을 사랑했고 잭 커비의 작품을 존경했지만, 그것만으로는 채워지지 않는 무언가가 있었다. 스탠에게는 언젠가 '위대한 미국 소설'을 쓰고 싶다는 열망이 있었다. 그가 실명이 아닌 필명으로만 글을 쓴 이유 중에는 언젠가 지적이고 멋진 글을 썼을 때 만화 작가였던 경력과 그 멋진 글이 상충하는 것을 원치 않는 마음도 있었다. 그러던 어느 날 아내 조앤이 그에게 소설을 염두에 두고 구상했던 현대적이고 현실적인 캐릭터를 만화 캐릭터에 적용하면 어떻겠냐고 제안했다. 스탠은 그 제안에 공감했고 이후 그의 만화 세계는 완전히 바뀌게 되었다.

스탠의 뛰어난 창의력과 열정은 몇 년 만에 마블의 세계관을 완전히 바꾸어 놓았다. 스탠은 훌륭한 조력자들과 함께 작업하면서 사람들의 가슴에 와닿는 이야기들을 만들어 냈다. 캐릭터들이 유기적으로 연결되고 각각의 존재가 돋보이는 방식은 다른 매체에서는 불가능한, 오직 만화이기에 가능한 방식이었다.

1

2

그림 설명

1: 《왓이프?》 1권 #11
(마블 코믹스에서는 여러 이슈를 한 권으로 묶어 판매하기도 했다-옮긴이)
1978년 10월

'마블 창작 작가들이 판타스틱 포라면?'이라는 제목을 단 유쾌한 이야기에는 스탠 리, 잭 커비, 플로 스타인버그Flo Steinberg, 솔 브로드스키Sol Brodsky가 판타스틱 포로 등장한다.

2: 《어메이징 스파이더맨 연간 기획》 #1
1964년 10월
스파이더맨 이야기가 만들어진 과정을 담은 만화로 스탠 리와 스티브 딧코가 만화에 직접 등장한다.

잭 커비

1960년대 마블의 대표 이미지는 모두 잭 커비의 펜 끝에서 나왔다. 마블의 만화에 크게 기여한 다른 그림 작가들도 많지만, '제왕'이라는 칭호를 단 사람은 오직 한 사람, 잭 커비뿐이었다.

잭 커비는 스탠 리보다 다섯 살 위로, 스탠과 마찬가지로 뉴욕에서 태어났으며 부모는 유대인이었다. 제이콥 커츠버그(잭 커비의 본명)는 한 번도 정식으로 미술 교육을 받은 적이 없었다. 그는 모든 만화책에서 영감을 얻었다. 그는 신문에 만화를 연재했으며 잠시 애니메이션 업계에 종사하다가 월간 만화 업체로 옮겼다. 제이콥 커츠버그는 커트 데이비스, 테드 그레이, 렌스 커비 등 몇몇 필명을 사용하다가 마침내 잭 커비로 정착했다. 1940년 타임리 코믹스에 합류한 잭 커비는 조 사이먼과 함께 캡틴 아메리카를 만들었고 이 캐릭터는 이후 수십 년간 어마어마하게 히트했다.

1941년, 잭은 로즈 골드스타인Roz Goldstein을 만나 이듬해인 1942년에 결혼했지만 1년 뒤 군에 징집되었다. 그는 2차 세계 대전 중 보병으로 복무했는데 그림 실력이 워낙 뛰어난 탓에 적진 후방에 정찰병으로 파병되어 지도나 적의 위치를 그리는 임무를 자주 맡았다. 그는 전쟁에서 보고 겪은 경험을 만화에 활용했다. 덕분에 그의 액션 장면에서는 매우 현실적이면서도 아슬아슬한 긴박감이 표출되었다.

1

2

전쟁이 끝난 후 잭은 여러 만화 회사에서 일하면서 조 사이먼과 함께 다양한 장르의 만화를 그렸다. '프라이즈 코믹스Prize Comics'에서 잭이 작업한 청춘 로맨스 만화 '청춘 로맨스Young Romance'의 표지에는 '순정 로맨스 스토리'라는 문구가 쓰여 있었다. 이는 최초의 로맨스 만화로, 만화에서 완전히 새로운 장르를 개척한 작품으로 평가받았다. 잭 커비는 마침내 타임리 코믹스(당시 사명은 아틀라스 코믹스)로 돌아와 초능력과 공상 과학 만화를 만들었는데, 그가 주력한 분야는 거대한 괴물이 무력한 도시를 공격하는 이야기였다.

잭의 고결한 직업 윤리와 높은 생산성은 만화업계의 전설이 되었다. 그는 롱아일랜드에 있는 자택에서 하루 12~14시간씩 작업했으며 흥미진진하고 역동적인 만화를 매일 4~5페이지씩 만들었다. 그림을 하루 한 페이지도 완성하지 못하는 만화가가 대다수임을 고려하면 상당한 분량이었다. 빠른 작업 속도 덕분에 잭은 한 달에도 몇 권씩 스케치 작업을 할 수 있었고 이는 마블 코믹스가 마블만의 스타일을 확립하는 데도 크게 기여했다.

잭 커비가 없었다면 오늘날의 마블은 없었을 것이다. 그는 초기 마블 영웅들의 외형과 감정, 정서를 드러내는 데 크나큰 역할을 했으며, 오늘날의 슈퍼 히어로들은 잭 커비 없이는 상상조차 할 수 없다. 커비의 영웅들은 자연스러우면서도 세련됐다. 그의 영웅들은 인간이 겪는 문제를 똑같이 안고있는 신이나 마찬가지이다.

그림 설명

1: 《왓이프?》 1권 #11
시가를 피우지 않는 잭 커비는 상상하기 힘들다. 시가를 문 채 작업하는 모습은 잭 커비의 상징이다.

2: 《어벤져스》 #4
1964년 3월
1964년, 스티브 로저스(캡틴 아메리카)가 어벤져스에 합류하면서 잭 커비도 캡틴 아메리카로 돌아왔다.

3: 《어벤져스》 #1
1963년 9월
잭 커비는 초소형 여성 슈퍼 히어로 와스프Wasp를 통해 마블을 대표하는 슈퍼 히어로들에게 '어벤져스'라는 이름을 붙여 주었다.

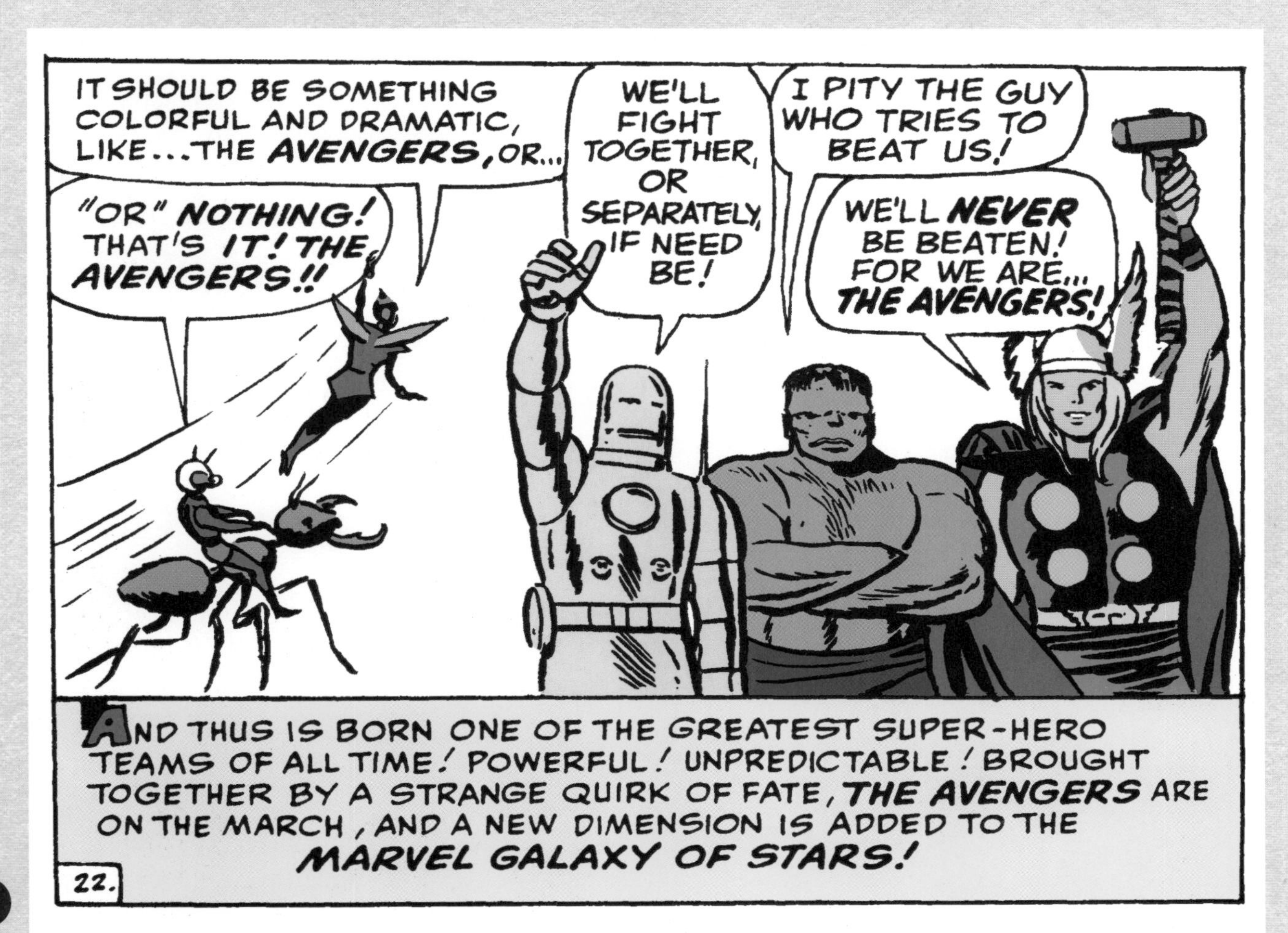

3

판타스틱 포

만화업계에 전설처럼 내려오는 일화가 있다. 마블의 마틴 굿맨이 DC코믹스의 출판 관계자와 골프를 치다가 DC코믹스 관계자에게 DC코믹스에서 가장 많이 팔린 책은 《저스티스 리그Justice League》(DC코믹스의 대표적인 슈퍼 히어로 팀으로 슈퍼맨, 배트맨, 원더우먼, 플래시, 아쿠아맨, 사이보그 등으로 구성된 막강한 팀이다–옮긴이)이며 독자들은 팀으로 구성된 슈퍼 히어로를 원한다는 말을 들었다. 정말 이런 말이 오갔는지는 확인할 수 없지만 분명한 것은 1961년 마틴 굿맨이 스탠 리에게 슈퍼 히어로 팀이 등장하는 만화를 만들라고 요구했다는 사실이다. 그 결과 뭔가 모자란 구석이 있고, 인간적이며, 걸핏하면 다투기 일쑤인 '판타스틱 포'가 탄생했다. '판타스틱 포'의 인간적인 면모와 친근함은 이후 수십 년간 만화의 기준이 되었다. '판타스틱 포'는 비현실적이고 초인적인 존재가 아니라 크고 작은 일상의 문제들로 고심하며 살아가는 진짜 인간들이었다.

훗날 스탠 리는 이런 말을 했다. "슈퍼 히어로 만화를 시리즈로 제작할 때 가장 어려운 부분은 첫 호를 만드는 일이다. 처음 선보이는 이야기가 독자들을 사로잡지 못한다면 이후 나오는 이야기들도 독자들의 마음을 얻을 수 없다."1) 스탠 리는 자신의 작품에 최고의 그림 작가가 필요하며 잭 커비야말로 자신의 이야기를 가장 잘 그려 줄 유일한 존재임을 알고 있었다. 판타스틱 포 제1권 표지의 괴물 그림을 보면 잭 커비가 그림에 얼마나 공을 들이는지 알 수 있다. 표지에는 거대한 괴물이 땅을 뚫고 나와 독자들을 향해 고함을 지르고 있고, 괴물 주위에는 낯선 존재들이 이 괴물과 맞서 싸울 태세를 하고 있다. 도대체 이 엄청난 괴물을 어떻게 막을 수 있을까?

표지를 펼치면 새롭고도 낯선 이야기가 펼쳐졌다. 정체를 알 수 없는 위협에 맞서기 위해 네 명의 영웅이 모였지만 이 영웅들은 여느 영웅과는 어딘가 달랐다. 많은 문제를 해결하는 듯 보이지만 해결하는 문제 못지않게 문제도 많이 일으켰다. 눈에 보이지 않는 존재 수 스톰은 시내를 소란스럽게 만들고, 거대한 몸집의 벤 그림은 움직일 때마다 뉴욕 시내를 엉망진창으로 만들고, 불타는 조니 스톰은 지구 방

1

2

위군의 표적이 되었다.

판타스틱 포의 구성원은 넷 다 우주 비행사였는데 우주에서 쏟아지는 방사선에 노출되면서 엄청난 괴력을 갖게 되었다. 리드 리처즈는 신체 각 부위를 상상을 초월하는 수준으로 길게 늘일 수 있으며 그의 여자친구 수 스톰은 자유자재로 투명 인간이 될 수 있다. 수 스톰과 남매인 조니 스톰은 온몸을 불길로 감쌀 수 있고 파일럿인 벤 그림은 초강력 바위 괴물로 변신할 수 있다. 이들은 실수투성이에 걸핏하면 다투기 일쑤다. 어떻게 보면 인간보다 더욱 인간적인 모습을 한 이 네 명의 슈퍼 히어로는 기존의 영웅과는 전혀 달랐다.

스탠은 출판사로 쏟아지는 독자들의 편지를 보고 《판타스틱 포》가 히트작임을 직감했다. 그래서 3권부터는 아예 독자들의 편지 코너를 새로 만들었다. 팬들과의 소통은 마블 성공의 핵심 요소일 뿐 아니라 새로운 슈퍼 히어로 이야기에 대한 반응을 직접 확인할 수 있는 유용한 잣대였기 때문이다.

서브마리너도 《판타스틱 포》 4권에서 다시 등장했다. 독자들이 마지막으로 서브마리너를 보았을 때와 마찬가지로 인류에 대한 불만과 적개심을 가득 품은 모습이었다. 스탠과 잭은 단순히 몇 권 만에 완결되지 않는 이야기, 다시 말해 이전보다 훨씬 길고 복잡한 이야기 판을 짜기 시작했다. 리드와 벤, 조니, 수가 펼치는 모험이 한 권의 책에 담기지 않을 만큼 복잡하게 얽히고설켜 있기 때문이다. 이는 이전의 만화에서는 볼 수 없는 새로운 형태의 예술이자 스토리텔링 기법이었으며 일일 연속극 못지않게 다양한 영웅 신화에서 영감을 얻은 새로운 형태의 작품이었다.

《판타스틱 포》는 해를 거듭할수록 진화했다. 리즈와 수잔은 아이들을 낳았고 벤과 조니는 정착하려 노력했다. 무엇보다도 이 만화의 인기 비결은 가족 간의 깊은 유대감에 있었다. 영원히 퇴색하지 않는 가족 간의 사랑이 인기의 원천이었다.

그림 설명

1: 《판타스틱 포》 #1
1961년 11월
잭 커비의 뛰어난 그림이 표지를 장식한 판타스틱 포 1권은 잭 커비가 괴물을 묘사하는 데 얼마나 천부적인 재능을 지녔는지 잘 보여 준다.

2: 《판타스틱 포》 #1
1961년 11월
잭 커비와 스탠 리는 초반부터 독자들의 마음을 사로잡는 법을 잘 알고 있었다.

3: 《판타스틱 포》 #1
1961년 11월
새로운 휴먼 토치인 조니 스톰은 이전에 같은 이름으로 등장했던 캐릭터와는 아무 상관이 없다. 조니 스톰은 등장하자마자 곧 인기를 끌었다.

4: 《판타스틱 포》 #52
1966년 7월
스탠 리와 잭 커비는 《판타스틱 포》에서 엄청나게 다양한 캐릭터들을 소개하기 시작했다. 그중에는 실버 서퍼, 갤럭투스, 블랙 팬서 등도 포함된다.

3

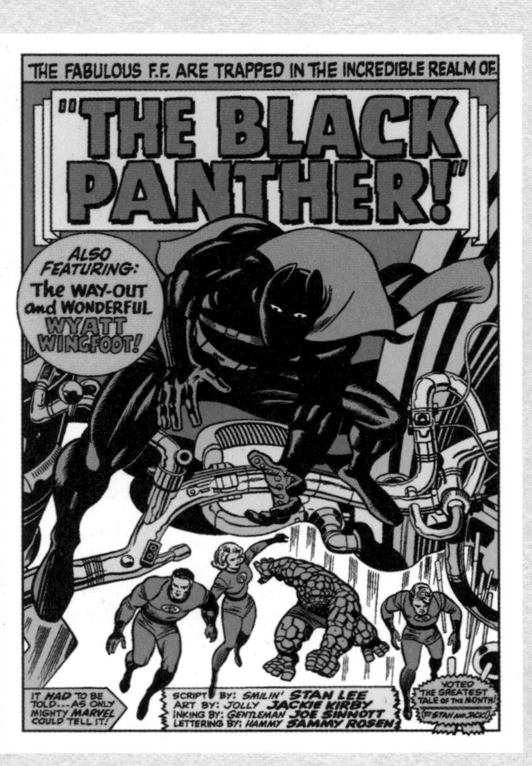

4

3장

어벤져스 등판

인크레더블 헐크

스탠 리는 새롭고도 현실적인 캐릭터들이 같은 현실에 공존하는 새로운 세계를 구상했다. 1962년에는《인크레더블 헐크》1권이 출판되었는데, 헐크는 '지킬 박사와 하이드'와 이야기 구조가 비슷했다. 천재 과학자 브루스 배너가 감마 폭탄 현장에서 비행 청소년을 구하려고 뛰어들었다가 폭탄이 폭발하며 감마선에 무방비로 노출되면서 미쳐 날뛰는 괴물로 변한다는 이야기다. 스탠은 핵폭탄 관련 뉴스를 보다가 헐크 아이디어를 얻었다. 어떻게 보면 헐크는 핵으로 불안해진 현실 세계를 상징적으로 보여 주는 캐릭터라고도 볼 수 있다.

스탠은 항상 헐크의 우아한 야만성에 몰두했다. 훗날 스탠 리는 이렇게 회상했다. "내 마음 한구석에는 늘 프랑켄슈타인 괴물에 대한 애착이 있었다. 세상 그 누구도 헐크에게 악인이라는 낙인을 찍지 못한다. 헐크는 누구도 다치게 하고 싶어 하지 않는다. 그는 그저 자신을 파괴하려는 사람들로부터 자기를 지키기 위해 고달픈 제2의 삶을 더듬더듬 살아가는 존재일 뿐이다."[2)]

스탠의 고민에 깊게 공감했던 잭 커비의 펜 끝에서 핵폭발의 에너지와 공포 그리고 고뇌에 찬 헐크가 그림으로 탄생했다.《인크레더블 헐크》#1에서 헐크는 회색이었지만 인쇄 기술상의 문제로 컬러와 톤이 고르게 유지되지 않아서 #2부터는 녹색으로 바뀌었다.

야만적인 헐크는 초반에는 판타스틱 포만큼 인기를 끌지 못했다. 어쩌면 당시 독자들은 헐크처럼 강력한 캐릭터를 받아들일 준비가 되어 있지 않았는지도 모른다. 하지만 몇 년 후 헐크는 폭발적인 인기를 끌었다. 헐크 #1부터 #5까지는 잭 커비가 연필로 그림을 그렸고 #6부터는 스티브 딧코가 연필과 잉크를 같이 사용해 그렸다. 스티브 딧코는 브루스 배너가 밤에만 변할 것이 아니라 화가 날 때도 헐크로 변하는 것이 어떻겠냐고 제안했던 장본인이었다.

50년 후, 헐크는 모든 슈퍼 히어로 중 가장 유명한 존재가 되었다. 마블의 다른 모든 영웅과 마찬가지로 헐크 역시 시간의 흐름에 따라 라스베이거스의 경비원, 천재 교수 심지어 은하계 전사 챔피언 등 다양한 모습을 거쳐 왔다. 스탠 리는 잭 커비에게 헐크가 '매력적인 괴물'이어야 한다는 점을 가장 강조했는데 오늘날까지도 헐크는 그 핵심 요소를 잃지 않는 캐릭터를 유지하고 있다.

그림 설명

1:《인크레더블 헐크》#1
1962년 5월
'인간인가 괴물인가? 혹은 둘 다인가?' 이 질문은 모든 헐크 이야기의 중심이다.

2:《인크레더블 헐크》#1
1962년 5월
처음에는 헐크가 처음에는 회색이었으나 나중에는 녹색이 되었다. 몇 년 후 캐릭터가 새로운 정체성을 갖게 되면서 다시 회색이 되었다.

3:《인크레더블 헐크》#2
1962년 7월
잭 커비는 헐크에게 늘 고상하고도 홀린 듯한 느낌을 주었다.

4:《인크레더블 헐크》#6
1963년 3월
1963년에는 스파이더맨의 작가 스티브 딧코가 헐크를 그렸다.

1

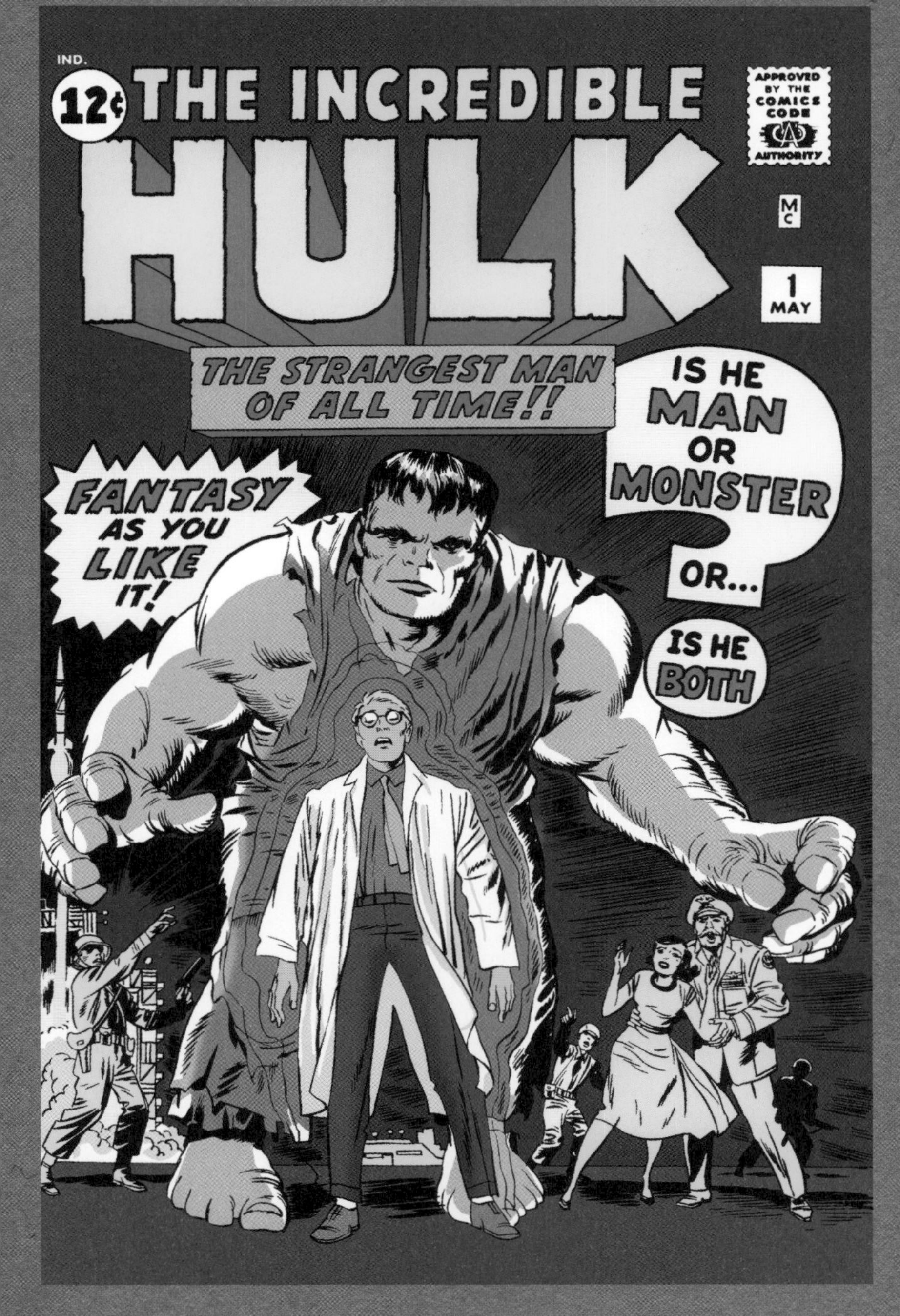
IND.
12¢
THE INCREDIBLE
HULK
APPROVED BY THE COMICS CODE AUTHORITY
MC
1 MAY
THE STRANGEST MAN OF ALL TIME!!
IS HE MAN OR MONSTER ? OR... IS HE BOTH
FANTASY AS YOU LIKE IT!

3

BUT THEY WILL HOUND ME NO NO LONGER! FOR NOW THE HULK WILL FIGHT BACK! ...ON MY OWN TERMS!

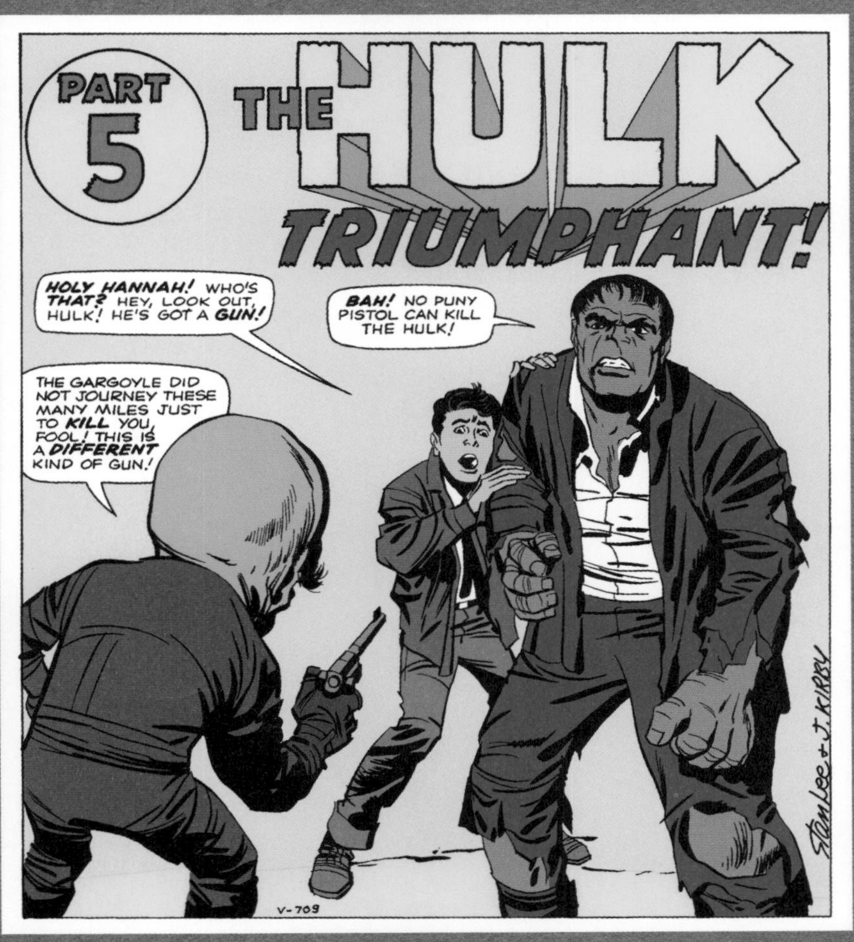
PART 5
THE HULK TRIUMPHANT!
HOLY HANNAH! WHO'S THAT? HEY, LOOK OUT, HULK! HE'S GOT A GUN!
BAH! NO PUNY PISTOL CAN KILL THE HULK!
THE GARGOYLE DID NOT JOURNEY THESE MANY MILES JUST TO KILL YOU, FOOL! THIS IS A DIFFERENT KIND OF GUN!
Stan Lee + J. Kirby
V-709

2

THE INCREDIBLE HULK VS "THE METAL MASTER!"
WHAT HAPPENS WHEN A LIVING BEING WHOSE INCREDIBLE MIGHT IS ALMOST BEYOND MEASURE MEETS A MENACE FROM ANOTHER WORLD--A MENACE WHOSE POWER CANNOT BE HALTED BY MERE BRUTE STRENGTH??
STORY: STAN LEE
ART: STEVE DITKO
LETTERING: ART SIMEK
X-116
1

4

마이티 토르

잭 커비는 신화와 전설에 애정이 깊었고 그 이야기를 현대에 맞게 재해석하고 싶어 했다. 마블 코믹스에서 1951년 선보인 사랑과 연애의 여신《비너스Venus》에도 토르가 등장하긴 했지만 거기에 나온 토르는 잭 커비와 스탠 리, 래리 리버가 세상에 보여 주고자 한 토르가 아니었다.

《저니 인투 미스터리Journey Into Mystery(신비한 이야기 속으로)》 #83 표지에는 스탠 리가 자주 사용하던 표현, '역사상 가장 흥미진진한 슈퍼 히어로'라는 문구가 쓰여 있었다. 신체장애가 있는 도널드 블레이크 박사는 외계의 바위 괴물들에게 쫓기다가 나무 막대기 하나를 발견했다. 그 막대기는 블레이크 박사를 완벽한 육체의 상징인 고대 스칸디나비아의 신, 토르로 변신시켜 주었다. 완벽에 가까운 아스가르드인 토르보다 신체장애가 있는 블레이크 박사가 마블이 지향하는 새롭고 공감 가는 이야기에 더 잘 어울릴 듯 보이지만, 최종적으로 도널드 박사는 아버지 오딘 때문에 생긴 토르의 단편을 보여 줬다.(초기 토르에서 도널드 블레이크는 토르의 변신체로 나온다. 망치인 묠니르를 가지고 있지 않을 때는 도널드 박사로, 망치를 가지고 있을 때는 토르로 변한다-옮긴이)

토르의 말투는 다른 마블 히어로들과 달랐다. 스탠 리는 토르에 대해 이렇게 말했다. "초반에 이야기를 구상하다 보니 토르가 평범한 사람들처럼 말하는 것은 어쩐지 어울리지 않는다는 생각이 들었다. 그래서 성경, 셰익스피어, 오마르 하이얌Omar Khayyam(페르시아의 수학자이자 천문학자, 시인-옮긴이)의 4행 시집 루바이야트The Rubaiyat에서 찾은 여러 말투에 내 나름대로 틀에 얽매이지 않은 표현을 더했더니 토르 말투가 탄생했다!"[3]

잭 커비가 그린 아스가르드는 고전미와 현대미, 영원성을 두루 갖춘 행성으로 미드가르드(지구)와는 무지개다리로 이어져 있다. 그 다리 너머 어렴풋이 황금 탑이 보인다. 독자들은 잭 커비의 힘 있는 그림과 스탠 리의 독창적인 글을 따라 환상적인 모험을 즐겼다. 토르의 다양한 주변 캐릭터들 역시 이 책의 장점으로 꼽힌다. 토르의 배신자 동생 로키와 전지전능한 아버지 오딘, 토르의 친구 헤임달, 시프, 세 전사(볼스타그, 피들라, 호그누스-옮긴이) 등을 통해 잭 커비의 환상적인 북유럽 신화는 더욱 빛을 발했다. 토르의 이야기는 사랑하는 연인 제인 포스터와 함께하기 위해 아버지의 뜻을 거역하고 여러 세계를 넘나드는 장대한 서사로 이어졌다.

토르의 진정한 힘은 북유럽 신화와 드라마의 요소를 모두 담았다는 데 있다. 스탠 리와 잭 커비는 토르와 제인 포스터의 이야기를 소홀히 하면 독자들이 아스가르드에 전혀 흥미를 느끼지 못할 것이라는 사실을 잘 알고 있었다. 토르의 이야기는 단순히 아스가르드 이야기가 아니라 아스가르드 사람들과 그들의 소소한 삶 이야기이기 때문이다.

그림 설명

1: 《저니 투 미스터리》 #83
1962년 8월
잭 커비의 역동적인 그림 덕분에 토르는 현대적인 감성을 물씬 풍기게 되었다.

2: 《저니 투 미스터리》 #83
1962년 8월
토르는 토성에서 온 스톤맨으로부터 지구를 구하는 장면으로 처음 독자들에게 선을 보였다.

3: 《저니 투 미스터리》 #86
1962년 11월
토르는 얼마 지나지 않아 인기를 끌었으며 공상 과학 속 적들과 격돌했다.

4: 《저니 투 미스터리》 #104
1964년 5월
토르의 주위에는 오딘, 발데르, 수르트, 폭풍 거인 스캐그, 로키 등의 캐릭터들이 등장해 토르와 대립각을 세운다.

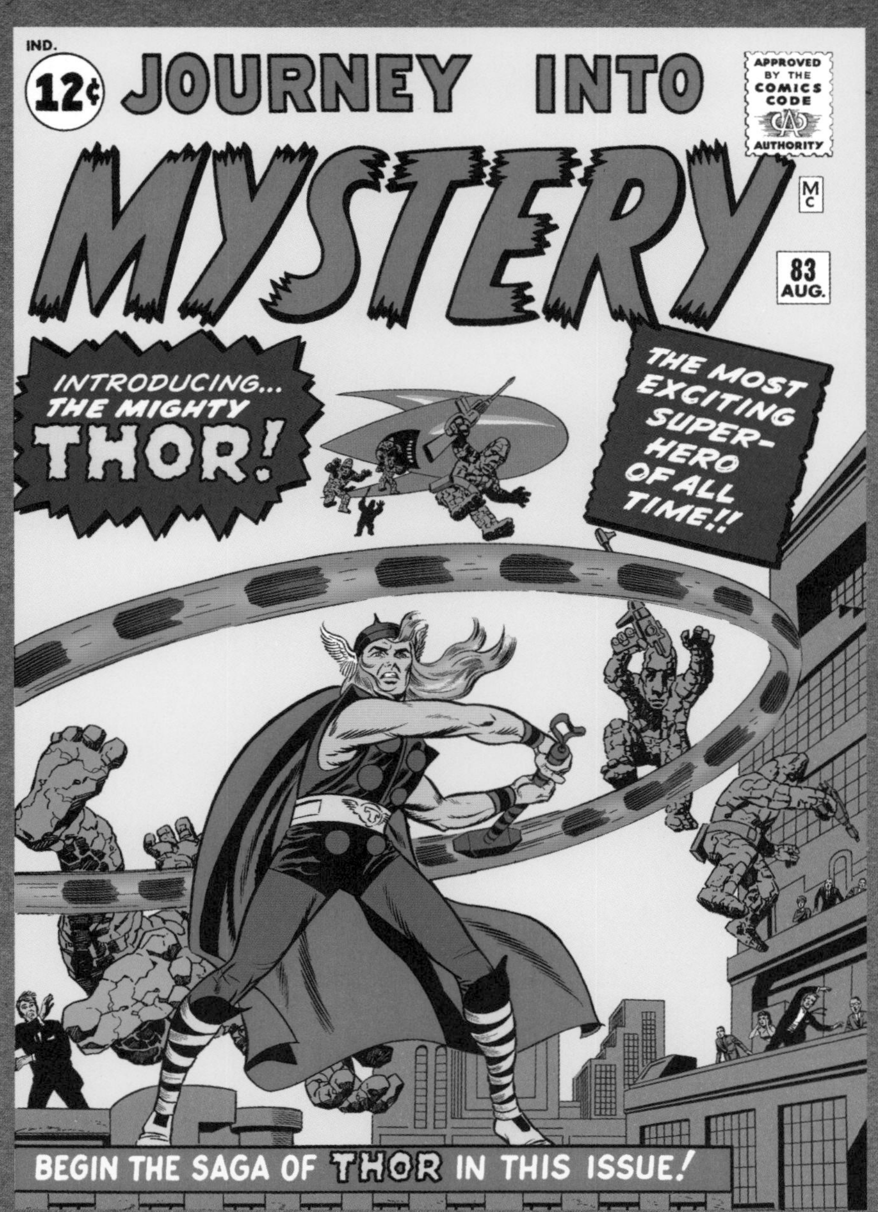
IND.
12¢
JOURNEY INTO
MYSTERY
APPROVED BY THE COMICS CODE AUTHORITY
MC
83 AUG.
INTRODUCING... THE MIGHTY THOR!
THE MOST EXCITING SUPER-HERO OF ALL TIME!!
BEGIN THE SAGA OF THOR IN THIS ISSUE!

THOR THE MIGHTY!
and "THE STONE MEN from SATURN!"
THE LEGEND HAS COME TRUE! BY THE WILL OF THE GODS, I AM ALIVE! I AM INVINCIBLE! I AM--THOR!!!
OUR STORY OPENS ON THE WINDY COAST OF NORWAY, WHERE WE SEE A FRAIL FIGURE SILHOUETTED AGAINST THE BLEAK SKY! HE IS DR. DON BLAKE, AN AMERICAN VACATIONING IN EUROPE!
AND, AS DOCTOR BLAKE TURNS AND LEAVES THE SITE, HE DOESN'T SEE THE STRANGE ALIEN SPACE-SHIP WHICH SILENTLY LANDS BEHIND HIM!

THOR THE MIGHTY
"ON THE TRAIL OF THE TOMORROW MAN!"
BEHOLD, THUNDER-GOD... YOU PURSUED ME INTO THE FUTURE, ONLY TO MEET YOUR DOOM AT THE HANDS OF MY STEEL SLAVES!
PLOT: STAN LEE SCRIPT: LARRY LIEBER ART: JACK KIRBY INKS: DICK AYERS

THE MIGHTY THOR
"GIANTS WALK THE EARTH!"
THIS IS A TALE SO POWERFUL IN CONCEPT, SO DRAMATIC IN SCOPE, THAT ONLY THE INSPIRED TALENT OF STAN LEE COULD HAVE WRITTEN IT... ONLY THE GIFTED HAND OF JACK KIRBY COULD HAVE ILLUSTRATED IT!!
INKED BY: CHIC STONE
LETTERED BY: S.ROSEN
POSSIBLY ONE OF THE TEN ALL-TIME EPICS YOU WILL NEVER EVER FORGET!!
X-636.

인빈서블 아이언맨

《테일즈 오브 서스펜스Tales of Suspense(조마조마한 이야기)》 #39에 아이언맨이 등장했다. 아이언맨은 베트남 전쟁에서 포로로 잡힌 토니 스타크가 자신을 보호하려고 만든 철제 슈트이다. 사업가이자 무기 제조업자이며 발명가인 바람둥이 토니 스타크에게 아이언맨은 분신 같은 존재다. 함께 잡혀 있던 포로이자 과학자인 호 인센은 토니가 슈트를 만드는 데 도움을 주었으나 토니의 탈출을 돕는 과정에서 죽었다.

마블의 캐릭터들은 저마다 치명적인 약점이 있는데 토니 스타크도 예외는 아니었다. 토니의 가슴 한복판에는 파편 조각이 박혀 있어서 그의 심장을 옥죄었다. 막강한 철제 슈트로 무장한 그의 외관과 상처투성인 그의 몸속은 극명한 대조를 이루었다. 바람둥이 기질이 다분하고 하워드 휴스Howard Hughes(미국의 투자가이자 비행사, 공학자, 영화제작자 등 다방면에 재능이 많았던 억만장자-옮긴이)를 연상시키는 세련되고 화려한 언변의 소유자인 토니 스타크에게 바람둥이 기질과 순발력, 재치는 자기 자신을 슈트처럼 지켜 주는 일종의 방어기제였다. 아이언맨의 첫 등장은 스탠 리가 기획하고 래리 리버Larry Lieber가 원고를 썼으며 잭 커비가 캐릭터를 디자인하고 돈 핵Don Heck이 세부 그림을 그렸다. 아이언맨 슈트는 처음엔 투박한 회색이었는데 이후 잭 커비의 디자인이 더해지고 스티브 딧코가 다시 손을 보면서 이전보다 훨씬 날렵하고 세련된 금색과 붉은색으로 대체되었다.

아이언맨이 초창기에 전투를 벌일 때는 러시아인과 공산주의자가 많이 등장했는데, 이 중에는 블랙 위도우, 티타늄맨, 크림슨 다이나모 등의 악당도 있었다. 아이언맨 시리즈 중 파격적인 이야기 '술병 속의 악마Demon in a Bottle' 편에서는 자기 파괴적이고 알코올 중독 성향을 지닌 자기 자신과 싸워야 했던 토니의 내면이 그려져 있다. 토니 스타크의 인간적 면모와 복잡한 내면, 천재성은 오랜 세월 팬들에게 즐거움을 선사했다.

최첨단 과학 기술의 집약체인 아이언맨 슈트는 마블의 다른 슈퍼 히어로보다 훨씬 변화무쌍했다. 아이언맨은 우주복, 수중복, 나노테크놀로지가 적용된 옷, 헐크 버스터복(광란의 상태인 헐크를 제압하기 위해 토니 스타크와 브루스 배너가 함께 만든 옷-옮긴이), 투명 인간 옷 등 많은 슈트를 가지고 있다. 토니는 가장 친한 친구인 제임스 로디(원래 이름은 제임스 로즈이지만 로디라는 애칭으로 더 자주 불렸다-옮긴이)에게 슈트를 선물하기도 했는데 제임스는 이 옷을 입고 워 머신이라는 이름의 영웅으로 활약하기도 했다. 아이언맨의 인기는 멋진 슈트 때문이 아니라 그 내면에 상처받은 채 웅크려 있는 토니의 인간적인 면모 때문이다.

그림 설명

1: 《테일즈 오브 서스펜스》 #39
1963년 3월
아이언맨 슈트 초기 버전에는 어깨에 라디오 안테나가 달려 있었다.

2: 《테일즈 오브 서스펜스》 #39
1963년 3월
초기 버전과 많이 달라진 아이언맨 슈트

3: 《테일즈 오브 서스펜스》 #48
1963년 12월
황금색과 붉은색이 어우러진 아이언맨 슈트는 스티브 딧코가 디자인했는데, 잭 커비가 그린 이 표지에 처음 등장했다.

4: 《테일즈 오브 서스펜스》 #48
1963년 12월
새로운 아이언맨 슈트는 이전 버전보다 가벼워졌으며 토니 스타크의 심장에 무리를 덜 주었다.

5: 《테일즈 오브 서스펜스》 #82
1966년 10월

6: 《테일즈 오브 서스펜스》 #95
1967년 11월
리펄서 광선은 아이언맨의 중요한 방어 체계다.

IRON MAN
IS BORN!
WATCH HIS AWESOME APPROACH! LISTEN TO HIS PONDEROUS FOOTSTEPS AS HE LUMBERS CLOSER... CLOSER... FOR TODAY YOU ARE DESTINED TO ENCOUNTER-- THE INVINCIBLE IRON MAN!!
PLOT: STAN LEE
SCRIPT: LARRY LIEBER
ART: DON HECK
LETTERING: ART SIMEK
X-51
1

2

IND.
12¢
TALES OF
SUSPENSE
APPROVED BY THE COMICS CODE AUTHORITY
MC
39 MAR.
WHO? OR WHAT, IS THE NEWEST, MOST BREATH-TAKING, MOST SENSATIONAL SUPER-HERO OF ALL...?
WHO?
"IRON MAN!"
HE LIVES! HE WALKS! HE CONQUERS!
WHO?
WHO?
FROM THE TALENTED BULL-PEN WHERE THE FANTASTIC FOUR, SPIDER-MAN, THOR AND YOUR OTHER FAVORITE SUPER-HEROES WERE BORN!

3

TALES OF
IND.
APPROVED BY THE COMICS CODE AUTHORITY
SUSPENSE
MARVEL COMICS GROUP 12¢
48 DEC.
SEE THE NEW IRON MAN!
featuring: A TRULY DIFFERENT SUPER-VILLAIN!
IRON MAN IS DEFEATED!! NOW, NONE CAN CHALLENGE THE GREAT MISTER DOLL!
THIS ONE YOU DARE NOT MISS!

FINALLY, INSTEAD OF THE BULKY, CUMBERSOME HEAD-GEAR I USED TO WEAR, I'VE COMPLETELY REDESIGNED MY HEAD-MASK! IT'S SO LIGHT, I'LL HARDLY KNOW I'M WEARING IT!
I SIMPLY ATTACH THE NECK UNIT FIRST, THEN SLIP THE FACE SHIELD DOWN OVER MY FEATURES.
THIS NEW MASK SERVES TWO PURPOSES...ONE, IT PREVENTS MY TRUE IDENTITY FROM BEING DISCOVERED, AND TWO...
IT ENABLES MY EXPRESSION TO SHOW...WHICH WILL PSYCHOLOGICALLY AID IN INSTILLING FEAR IN THE HEARTS OF MY ENEMIES!
AND NOW, THOUGH MR. DOLL WON THE FIRST ROUND IN HIS BATTLE WITH THE OLD IRON MAN...
HE'S LIABLE TO FIND THE NEW IRON MAN A FAR MORE DIFFICULT FOE TO BEAT!
AND SO, THE NEW IRON MAN, CHAMPION OF CHAMPIONS, IS BORN!

THE INVINCIBLE IRON MAN
"BY FORCE OF ARMS!"
THE TITANIUM MAN! BACK TO ATTACK ME AGAIN-- AFTER ALL THESE MONTHS! BUT-- HE'S CHANGED--FOR THE WORSE!
HIS ARMOR IS EVEN BIGGER-- STRONGER-- FAR MORE MANEUVERABLE THAN BEFORE!
WHAT SAY WE FOREGO OUR USUAL INTRODUCTORY CAPTION THIS ISH? SEEMS TO US THAT THIS ONE PULSE-POUNDING PIC TELLS YOU EVERYTHING YOU NEED TO KNOW!
SCRIPT: STAN LEE PENCILS: GENE COLAN
INKS: FRANK GIACOIA LETTERING: ARTIE SIMEK
EMERGENCY FIRST AID: IRVING FORBUSH

NOW--TAKE OFF, SON!! MAKE A RUN FOR IT WHILE YOU CAN!
I SAID MOVE, SITWELL! THAT'S AN ORDER!!
I'LL TRY TO HOLD HIM OFF WITH MY REPULSOR RAYS!
SHOOSH!

5

6

앤트맨과 와스프

마블은 세상의 가장 큰 영웅들을 이미 보여 줬다. 그래서 1962년에 들어서면서 가장 작은 영웅들을 선보여야 했다. 《테일즈 투 애스토니쉬Tales to Astonish(놀라운 이야기)》 #27에 이미 행크 핌이 등장했고 《테일즈 투 애스토니쉬》 #35에서는 독자들에게 "앤트맨의 귀환은 놀라움을 선사할 것이다!"고 약속했다. 스탠 리와 잭 커비가 만든 이 이야기에서 생물물리학자인 행크 핌 박사는 인간을 개미처럼 작게 만드는 혈청(이 이야기에서는 이 혈청을 핌 입자로 부른다)을 개발했다. 개미들이 우글대는 개미 소굴에서 개미 떼에게 쫓기던 핌 박사는 간신히 정상 크기로 돌아온 뒤 핌 입자를 좋은 용도로만 사용하겠다고 다짐했다. 이후 그는 개미와 소통할 수 있는 특수한 헬멧과 옷을 만들어 개미들과 소통하면서 진짜 앤트맨이 되었다! 그가 앤트맨이 되자마자 이내 범죄자들이 훼방을 놓기 시작했고 러시아 군인들이 방사능 해독제를 찾기 위해 핌 박사의 연구실에 침입했다. 급기야는 핌 입자를 사용해 몸집을 개미처럼 작게 만든 핌 박사는 개미 군단을 활용해 가까스로 위기를 모면했다.

1

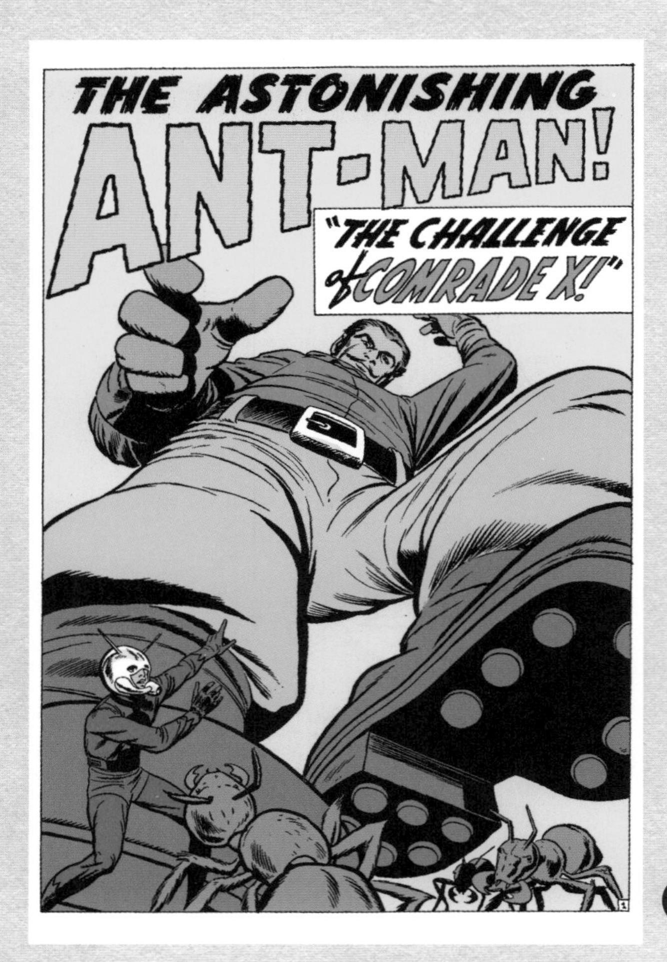

2

앤트맨은 곧 《테일즈 투 애스토니쉬》 #44에서 동지 자넷 반 다인, 즉 와스프를 만나게 된다. 처음 자닛을 만나던 순간에도 행크 핌은 여전히 아내 마리아 트로바야를 잃은 슬픔에 빠져 있었다. 자넷은 핌 박사의 과학자 동료인 버논 반 다인의 딸로 그녀 역시 살해당한 아버지에 대한 깊은 상실감과 슬픔에 빠져 있었다. 아버지의 살해범을 찾겠다는 자넷의 굳은 결의를 본 핌 박사는 자넷을 슈퍼 히어로 동지로 받아들이고 그녀에게 몸집이 작아졌을 때만 생기는 날개와 더듬이를 만들어 준다. 스탠 리는 수년 동안 동료로만 지내던 두 캐릭터에게 사랑의 긴장감이 어느 정도 필요하다고 판단했다.(이후 앤트맨과 와스프는 연인 관계를 유지하다가 부부가 되었다-옮긴이)

와스프는 인기 있는 캐릭터였지만 스탠 리는 앤트맨을 계속 수정해 나갔다. 앤트맨이 몸집을 키우는 능력을 갖게 되었을 때는 '자이언트 맨'이라는 이름도 붙여 주었다. 자넷의 패션 감각과 세련된 스타일은 수많은 팬의 마음을 사로잡았고 자넷의 패션은 캐릭터의 상징이 되었다. 자넷은 마블 유니버스에서 가장 옷이 많은 영웅이었으며 나중에는 다른 영웅들의 옷을 디자인해 주기도 했다.

앤트맨과 와스프는 단독으로 이름을 건 코믹스는 내지 못했지만 《테일즈 투 애스토니쉬》에서 부활한 헐크와 더불어 인기 상승 곡선을 그렸다. 무엇보다도 행크와 자넷은 어벤져스의 창립 일원이었다. 앤트맨과 와스프는 어벤져스가 창립되던 때부터 줄곧 핵심 구성원이었으며 팀의 중요한 작전에 참여했다.

그림 설명

1: 《테일즈 투 애스토니쉬》 #35
1962년 9월
행크 핌은 특수 헬멧 덕분에 개미들과 소통하고 개미들을 조종할 수 있었다.

2: 《테일즈 투 애스토니쉬》 #36
1962년 10월
앤트맨의 크기를 상대적으로 표현하기 위해 잭 커비는 놀라운 시각적 효과를 만들었다.

3: 《테일즈 투 애스토니쉬》 #44
1963년 6월
자넷 반 다인은 등장한 지 몇 회 되지 않아 와스프 정체성을 갖게 되었다.

4: 《테일즈 투 애스토니쉬》 #44
1963년 6월
앤트맨은 와스프가 슈퍼 히어로 특유의 정체성을 갖게 해 주었다.

3

4

캡틴 아메리카

슈퍼 히어로 세상을 만들다 보면 과거에 반응이 좋았던 캐릭터를 다시 살펴보는 경우가 종종 있다. 스탠 리는 판타스틱 포에서 이미 이전과는 전혀 다른 네이머와 휴먼 토치를 등장시키기는 했으나, 아직 가슴에 별을 달고 자신의 차례를 기다리는 건장한 한 남자가 있었다. 스탠 리는 이미 1963년《스트레인지 테일스(기묘한 이야기)》#114에서 독자들에게 캡틴 아메리카의 귀환을 슬쩍 암시한 바 있었다. #114 이슈에서 조니 스톰이 악당 아크로뱃과 함께 서커스 공연을 하는 캡틴 아메리카와 마주치는 장면이 나왔다. 이 장면을 본 독자들의 편지가 마블 회사로 쏟아져 들어왔다. 팬들은 진정한 모습의 캡틴 아메리카가 돌아오기를 간절히 바라고 있었다.

마침내《어벤져스》#4에서 캡틴 아메리카의 이야기가 펼쳐졌다. 그는 제2차 세계 대전 당시 비행기에서 떨어져 냉동 상태로 영구 보존되었다. 이후 1960년대에 다시 깨어난 스티브 로저스의 모습은 자신이 마지막으로 살았던 전쟁 시대와 너무도 달라진 세상에 적응하려 애쓰는, 마치 육지로 나온 물고기 같았다.

독자들은《어벤져스》에서 현대 사회를 살게 된 캡틴 아메리카를 만났고《테일즈 오브 서스펜스》에서 2차 대전 당시 그의 활약상과 그의 예전 모습을 만났다. 과거를 회상하는 장면에서는 한때 캡틴 아메리카의 친구였던 버키와 여전히 지도자(히틀러-옮긴이)의 명령에 따라 움직이는 레드 스컬도 등장했다.

스티브 로저스의 이야기는 이내 과거에서 60년대로 다시 무대를 옮겨 펼쳐졌는데, 이 이야기에서 스티브 로저스는 과거의 유물이 아닌 현대 사회를 바라보는 방식을 보여 주는 중요한 역할을 했다.《캡틴 아메리카 코믹스》는 만화에서 최초의 흑인 슈퍼 히어로인 팔콘을 통해 인종차별 문제를 다루었다. 한동안 이 만화의 제목은《캡틴 아메리카와 팔콘Captain America and the Falcon》이었다. 스티브 로저스는 굳건한 도덕적 신념을 지녔으며 아이언맨에서부터 대통령에 이르기까지 그 누구에게도 자신의 신념을 굽히지 않았다. 마블의 작가인 진 콜런Gene Colan은 캡틴 아메리카를 그리기 시작할 때부터 무엇이 그를 위대하게 만드는지 정확히 알고 있었다. 그는 이렇게 말했다. "캡틴 아메리카는 이 시대 영웅이 어떤 모습이어야 하는지를 상징적으로 보여 주는 존재다. 나는 캡틴 아메리카의 말이나 행동이 아니라 그가 상징하는 바를 진심으로 존경했다."[4)]

그림 설명

1:《테일즈 오브 서스펜스》
1964년 11월
이 만화에서 캡틴 아메리카는 수적으로 열세일 때가 많았지만, 절대 밀리는 법이 없었다!

2:《캡틴 아메리카》#117
1969년 9월
1969년 캡틴 아메리카에게 동료 팔콘과 샘 윌슨 그리고 팔콘이 훈련한 매 레드윙이 생겼다.

3:《캡틴 아메리카》#193
1976년 1월
잭 커비는 캡틴 아메리카를 작업하며 자신의 작품 중 가장 역동적이고 재미있는 표지 그림들을 선보였다.

THE ONE WITH THE ACETYLENE TORCH... IF I CAN JUST TIME THIS RIGHT... AH...I DID IT!

CAPT. AMERICA
15¢ 117 IND SEPT
APPROVED BY THE COMICS CODE AUTHORITY
CAPTAIN AMERICA
THE COMING OF THE FALCON!
MARVEL COMICS GROUP

CAPT. AMERICA
MARVEL COMICS GROUP
APPROVED BY THE COMICS CODE AUTHORITY
25¢ 193 JAN 02453
CAPTAIN AMERICA
KING KIRBY IS BACK-- AND GREATER THAN EVER!
"MADBOMB" IT CAN DESTROY THE WORLD!
J. KIRBY J. ROMITA

블랙 팬서

1966년《판타스틱 포》#52에 블랙 팬서가 처음 등장하고 몇 달 후 '블랙 팬서'라는 이름의 정치 운동이 벌어졌다.(아프리카계 미국인들 중심이 된 블랙 팬서당BPP에서 인권과 정치적 자유를 위해 벌인 사회 운동-옮긴이) 티찰라는 당시 만화에서는 흔치 않았던 흑인 슈퍼 히어로이자 강력한 능력을 지닌 최초의 흑인 히어로였다. 당시 사회적 배경을 좀 더 설명하자면, 아프리카계 미국인에게 투표권이 생긴 것은 이 만화가 나오기 고작 일 년 전인 1965년이었다. 스탠 리와 잭 커비는 마블의 캐릭터들이 인종차별적 요소나 전형적인 모습에서 벗어나게 하려고 큰 노력을 기울였다.

티찰라는 가상의 아프리카 공화국인 와칸다의 왕이다. 와칸다는《판타스틱 포》의 천재 발명가 리드 리처즈의 발명을 능가하는 과학 발명으로 이루어진 최첨단 유토피아다. 잭 커비는 입이 떡 벌어질 만큼 놀라운 공상 과학 세계를 묘사하는 데 천부적이었으며 그가 표현한 와칸다는 첨단 전선과 케이블들이 정교하게 연결된, 국가 전체가 거대한 컴퓨터의 마더보드 역할을 하는 국가였다.

슈퍼 히어로들의 만남이 대부분 그러하듯 티찰라도 처음 판타스틱 포와 만났을 때는 서로 싸우다가 이후 서로 돕는 동맹 관계가 되었다. 몇 년 후인 1968년, 티찰라가 스티브 로저스를 와칸다로 데려와 제모 남작과 싸울 때 도움을 주었는데 이때 블랙 팬서도 캡틴 아메리카와 한 팀이 되어 싸웠다. 같은 해 블랙 팬서는 뉴욕으로 갔고《어벤져스》#52에서 지구상에서 가장 강력한 히어로 집단인 어벤져스에 합류해 이후에도 어벤져스 일원으로 활약했다.

블랙 팬서는 와칸다 국가의 최고 지도자에게 주어지는 호칭으로 티찰라의 아버지 티차카 역시 블랙 팬서였다. 몇 년 후 다른 캐릭터들에게도 이 호칭이 붙었는데 티찰라가 전투에서 다쳤을 때는 그의 누이 슈리가 블랙 팬서였다.

티찰라는 작가에게 끊임없이 영감을 주는 캐릭터였다. 블랙 팬서의 작가인 레지날드 허들린Reginald Hudlin은 이렇게 말했다. "흑인 독자들에게는 전례 없는 흑인 캐릭터의 모습이 충격적이었다. 어마어마한 부와 눈부신 과학 발전을 이룬 국가, 그것도 고유의 문화적 유산과 최첨단 서구 문명을 완벽하게 조화시킨 왕국의 왕이 흑인 슈퍼 히어로라는 개념을 누가 상상이나 할 수 있었을까? 오직 스탠 리와 잭 커비만이 가능한 일이었다. 초능력도 없는 그가 판타스틱 포와 맞서 싸운다는 설정은 이 만화에서만 가능했다. 캡틴 아메리카가 미국 정신의 정수를 상징한다면 블랙 팬서는 아프리카 대륙의 정신을 상징한다. 그처럼 대륙의 정신을 위엄과 격조 있게 보여 주는 캐릭터는 없다."[5)]

그림 설명

1:《판타스틱 포》#52
1966년 7월
티찰라는 판타스틱 포와 첫 만남에서 싸웠고 가까스로 이겼다.

2:《판타스틱 포》#52
1966년 7월

3:《테일즈 오브 서스펜스》#98
1968년 2월

4:《테일즈 오브 서스펜스》#98
1968년 2월
블랙 팬서는 어벤져스에 합류하기 전 캡틴 아메리카와 한 팀을 이뤘다.

'TWAS I WHO INVITED YOU FOR THE HUNT!
BUT, I NEGLECTED TO TELL YOU ONE THING...
IT IS YOU WHO SHALL BE HUNTED!

THE WORLD'S GREATEST COMIC MAGAZINE!
APPROVED BY THE COMICS CODE AUTHORITY
Fantastic Four
52 JULY
12¢
MARVEL COMICS GROUP
Introducing THE SENSATIONAL BLACK PANTHER!

THANKS, PANTHER!
I READ YOU LOUD AND CLEAR!
HOW ARE YOU DOING, PARTNER?

I'M MANAGING TO KEEP OCCUPIED!
BUT WE MUST TAKE A PRISONER!
SOMEONE WE CAN INTERROGATE!

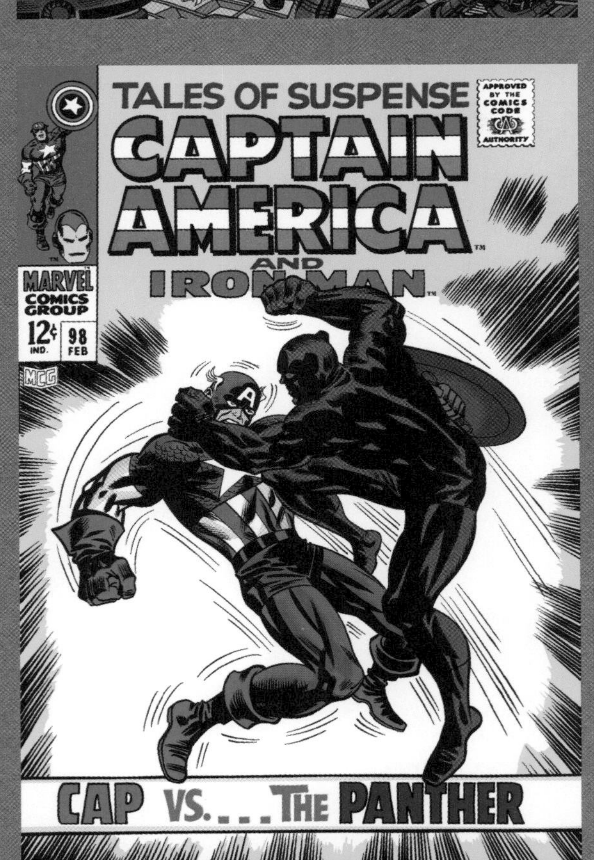
TALES OF SUSPENSE
CAPTAIN AMERICA
AND
IRON MAN
APPROVED BY THE COMICS CODE AUTHORITY
MARVEL COMICS GROUP
12¢ IND.
98 FEB
MCG
CAP VS.... THE PANTHER

THEY ARE TOO POWERFUL! IF THE BATTLE CONTINUES--WE WILL BE SMASHED!
AT THIS RANGE, I CANNOT MISS--!
PUT THEM OUT OF ACTION WITH A LOW VOLTAGE STUN-BOLT SHOT!
CLICK!

SHOOP!
UNHH!
8

블랙 위도우

1964년, 《테일즈 오브 서스펜스》 #52에서 아이언맨과 맞붙는 악당으로 처음 등장했을 때만 해도 블랙 위도우는 슈퍼 히어로가 아닌 스파이였다. 블랙 위도우는 러시아 기관으로부터 크림슨 다이나모와 한 팀을 이루어 토니 스타크와 러시아에서 망명한 반코 교수를 제거하라는 명령을 받았다. 나타샤 로마노프(블랙 위도우)는 스타크를 죽이는 데 실패했지만, 반코는 크림슨 다이나모와의 격투 끝에 죽었다.

'마담 나타샤'는 팜므파탈 캐릭터로 여러 번 등장했으며 아름다운 여성에게 약한 토니 스타크의 약점을 이용하기도 했다. 심지어 《테일즈 오브 서스펜스》 #57에서는 호크 아이를 꾀어 아이언맨을 공격하게 만들기도 했다. 그러다가 몇 달 후 블랙 위도우는 악당에서 히어로가 되었다.

스탠 리는 블랙 위도우를 이렇게 설명했다. "악당에서 출발한 블랙 위도우를 나중에 영웅으로 만들려고 노력했지만 내 마음 한구석 어딘가는 착한 나타샤보다는 악녀 나타샤에게 더욱 끌렸다. 독자들이 나타샤를 좋아할지 싫어할지 궁금해하며 작업하는 과정은 내내 즐거웠다. 하지만 나에게 있어선, 블랙 위도우는 무슨 짓을 해도 미워할 수 없는 사랑스러운 여자다."[6]

블랙 위도우는 《어벤져스》 #29에서 마침내 영웅의 옷과 무기를 갖추게 되지만 여전히 아이언맨과 어벤져스 일원들을 죽일 기회를 호시탐탐 엿본다. 다행히 호크아이를 사랑하게 되면서 그다음 호에서 러시아의 명령에 갇혀 살던 삶을 끝내고 미국으로 망명했다. 나타샤가 공식적으로 어벤져스에 합류한 것은 《어벤져스》 #111부터다.

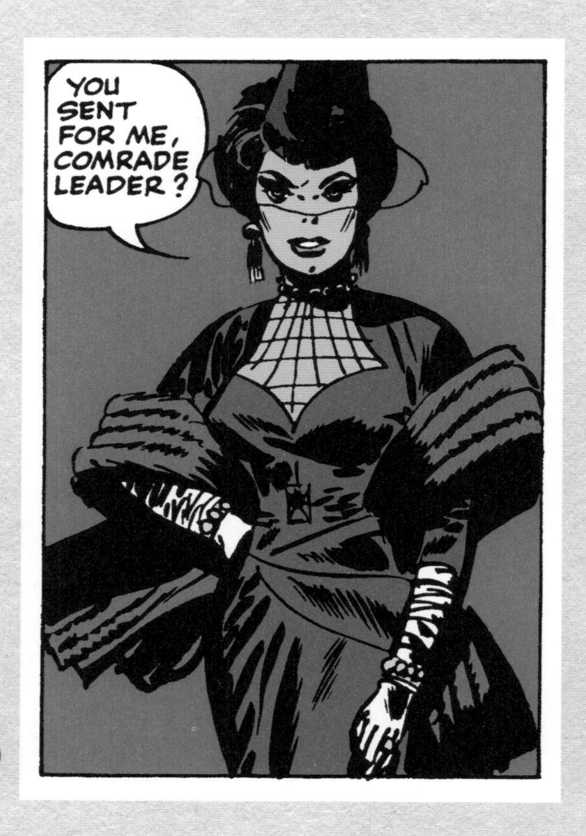

1

2

《어메이징 스파이더맨》 #86에서 블랙 위도우는 뾰족한 가면을 벗고 붉은 머리와 검은색 의상, 손목에 장착한 발사 무기 등으로 슈퍼 히어로의 면모를 갖추게 된다. 나타샤는 초능력은 없지만 KGB 첩보 활동 경험과 전투 훈련 경험, 다양한 스파이 장비와 무기 등을 가지고 있다. 블랙 위도우는 몇 년 동안 데어데블과 팀을 이루어 활동했고 덕분에 《데어데블Daredevil》 코믹스 중 16편의 제목은 《데어데블과 블랙 위도우Daredevil and the Black Widow》가 되었다. 나타샤와 맷 머독(데어데블)은 결국 갈라섰지만 이후 블랙 위도우는 어벤져스의 핵심 일원으로 활약했다.

어벤져스는 인간적이면서도 갈등 많은 영웅 팀이지만 옳은 일을 하고 정의에 귀 기울이려고 노력한다. 블랙 위도우의 이야기는 주로 실수와 용서, 반성이 주요 화두다. 어벤져스 구성원 중에는 영웅이 되기 전 잘못된 선택을 했던 이들도 많았다. 어쩌면 더 나은 존재가 되려고 노력하는 모습이야말로 가장 영웅다운 모습인지도 모른다.

그림 설명

1: 《테일즈 오브 서스펜스》 #53
1964년 5월
블랙 위도우는 원래 자신을 '마담 나타샤'로 지칭했으며 토니 스타크를 속여 죽이려고 했다.

2: 《어벤져스》 #29
1966년 6월
블랙 위도우의 첫 의상은 훗날 블랙 위도우의 공식 의상인 검은색 캣슈트와는 사뭇 다르다.

3: 《어메이징 스파이더맨》 #86
1970년 7월
나타샤가 최근에 입은 의상은 스파이더맨의 초능력의 비밀을 캐기 위해 싸울 때 처음 선보인 의상이다.

3

어벤져스

스탠 리와 동료들은 오랜 세월에 걸쳐 다양한 영웅들을 만들고 성장시키며 마블 세계를 구축해왔다. 1963년 말, 이제 이 모든 것을 한꺼번에 모아서 보여 줘야 하는 때가 왔다. 《어벤져스》 #1의 시대가 열린 것이다.

《어벤져스의 도래The Coming of the Avengers》 편에서 토르의 사악한 동생 로키는 헐크에게 누명을 씌웠다. 토르와 아이언맨, 앤트맨, 와스프가 헐크의 누명을 벗기기 위해 모두 힘을 합쳤다. 처음부터 힘을 합친 것은 아니었다. 처음엔 서로 싸웠지만 로키를 물리치려면 결국 힘을 합쳐야 한다는 사실을 깨닫고 서로 힘을 모은 것이다. 그리고 이 이야기의 마지막에(캡틴 아메리카의 제안과 팀원들의 동의로-옮긴이) 어벤져스라는 팀 이름이 만들어졌다. 작가 스탠 리와 그림 작가 잭 커비는 마블의 모든 캐릭터를 만드는 과정에 참여해 왔기에 어벤져스 팀원을 등판시키거나 그림체의 일관성을 유지하는 데 전혀 어려움이 없었다. 덕분에 독자들은 자신이 좋아하는 캐릭터들이 한자리에 모두 모인 장면을 볼 수 있었다.

스탠 리는 어벤져스에서 성격도 개성도 각기 다른 캐릭터들이 왜 그토록 잘 어울리는지를 탁월하게 설명했다. "아이언맨의 본체인 토니 스타크는 부유한 기업인이자 타고난 리더였다. 토르의 페르소나인 돈 블레이크는 오딘의 아들로 판타지 감성은 물론 만화에 필요한 컬러와 대비감을 잘 보여 주는 캐릭터였다. 헨리 핌과 그의 연인 자넷은 어벤져스의 다른 캐릭터들과는 전혀 다른 모습으로 팀의 전체적인 조화미에 한몫했다. 결코 잘생겼다고는 볼 수 없는 녹색 거인, 헐크까지 더해지면서 이 정의의 사도 팀은 잠시도 지루할 틈이 없다."[7)]

어벤져스가 선사하는 짜릿함 중에는 끊임없이 변화하는 영웅들의 모습도 큰 역할을 한다. 《어벤져스》 #2에서 앤트맨은 핌 입자를 이용해 몸집을 크게 만들어 자이언트맨이 되었다. 같은 호에서 헐크는 팀원들을 떠났다가 다음 호에서 네이머와 한 팀이 되어 어벤져스와 맞붙어 싸웠다. 제2차 세계 대전의 전설 캡틴 아메리카는 《어벤져스》 #4에서 적이 된 헐크의 공백을 대신했다.

《어벤져스》 #16에서는 견고했던 팀원들의 동료애에 큰 균열이 생기면서 캡틴 아메리카만 빼고 구성원 전원이 팀을 떠났다. 캡틴 아메리카는 떠난 동료들의 빈자리를 메우기 위해 이전에 악당이었던 호크아이, 퀵 실버, 스칼렛 위치를 어벤져스 구성원으로 영입했다. 이후 몇 년에 걸쳐 어벤져스 구성원은 블랙 위도우, 블랙 나이트, 블랙 팬서 등으로 점차 확장되었다. 얼마 지나지 않아 울트론이 만든 인공지능 로봇 비전이 합류했는데 비전은 로봇 프로그램을 벗어나 스칼렛 위치와 사랑에 빠졌다. 어벤져스가 점점 확장되면서 모험 세계도 점차 광대해졌다. 어벤져스는 다른 차원의 초능력 팀인 스퀀드론 슈프림과도 전투를 벌였고 은하계에서 외계 종족인 크리족과 스크럴족 간의 싸움에 휘말리기도 했다. 이제 어벤져스에게 무대가 좁아졌다. 그들은 지구보다도 더 큰 팀이 되어 가고 있었다.

그림 설명

1: 《어벤져스》 #1
1963년 9월
어벤져스 첫 이슈에서 로키는 헐크에게 저지르지도 않은 누명을 씌웠다.

2: 《어벤져스 연간 기획》 #1
1967년 9월
어벤져스 창립 구성원들이 복귀해 더 큰 싸움에 나섰다.

3: 《어벤져스》 #16
1965년 5월
퀵실버와 호크아이, 스칼렛 위치가 원래의 구성원들의 자리를 대신했다.

1

THOR!
ANT MAN!
HULK!
IRON MAN!
APPROVED BY THE COMICS CODE AUTHORITY
THE AVENGERS
IND.
MARVEL COMICS GROUP 12¢
1 SEPT.
EARTH'S MIGHTIEST SUPER-HEROES!
CAN THE COMBINED POWER OF THE AVENGERS DEFEAT THE SINISTER SPELLS OF LOKI, GOD OF EVIL?
LOKI! PREPARE FOR BATTLE!
THE AVENGERS... BAH! I'LL DESTROY YOU ALL!
SUPER-HEROES! SUPER-VILLAINS! SUPER-THRILLS! PRESENTED IN THE FABULOUS MARVEL MANNER!

2

AND NOW, TO ROUND OUT THIS INCREDIBLE ISSUE, FEAST YOUR BABY-BLUES ON PERHAPS THE MOST RAPTUROUSLY-REQUESTED PIC OF ALL!!
The ORIGINAL AVENGERS-- AS THEY APPEARED IN ISH #1 (SEPTEMBER 1963)-- AND THE NEW AVENGERS-- AS SEEN SINCE ISH #28.!! 'NUFF SAID!
WELL, THAT WRAPS IT UP FOR THIS SPECIAL, FAITHFUL ONE! WE HOPE YOU ENJOYED OUR EFFORTS FOR YOUR EDIFICATION, AND THAT YOU'LL HANG LOOSE TILL OUR NEXT ANNUAL EPIC APPEARS! AFTER ALL--WHAT'S A YEAR BETWEEN FRIENDS?

AND SO, AS THE NEW AVENGERS ACCEPT THE CHEERS OF THE CROWD, A NEW ERA BEGINS!
SAY IT, CAP! LET'S HEAR IT, JUST ONCE MORE!
ALL RIGHT! THIS IS FOR YOU--! AVENGERS ASSEMBLE!!
RIGHT NOW THE CROWDS ARE WITH US! BUT, WITHOUT THOR, GIANT-MAN, AND IRON MAN, DO WE HAVE ENOUGH STRENGTH TO JUSTIFY THEIR CONFIDENCE?? I WONDER?
20
THE END

3

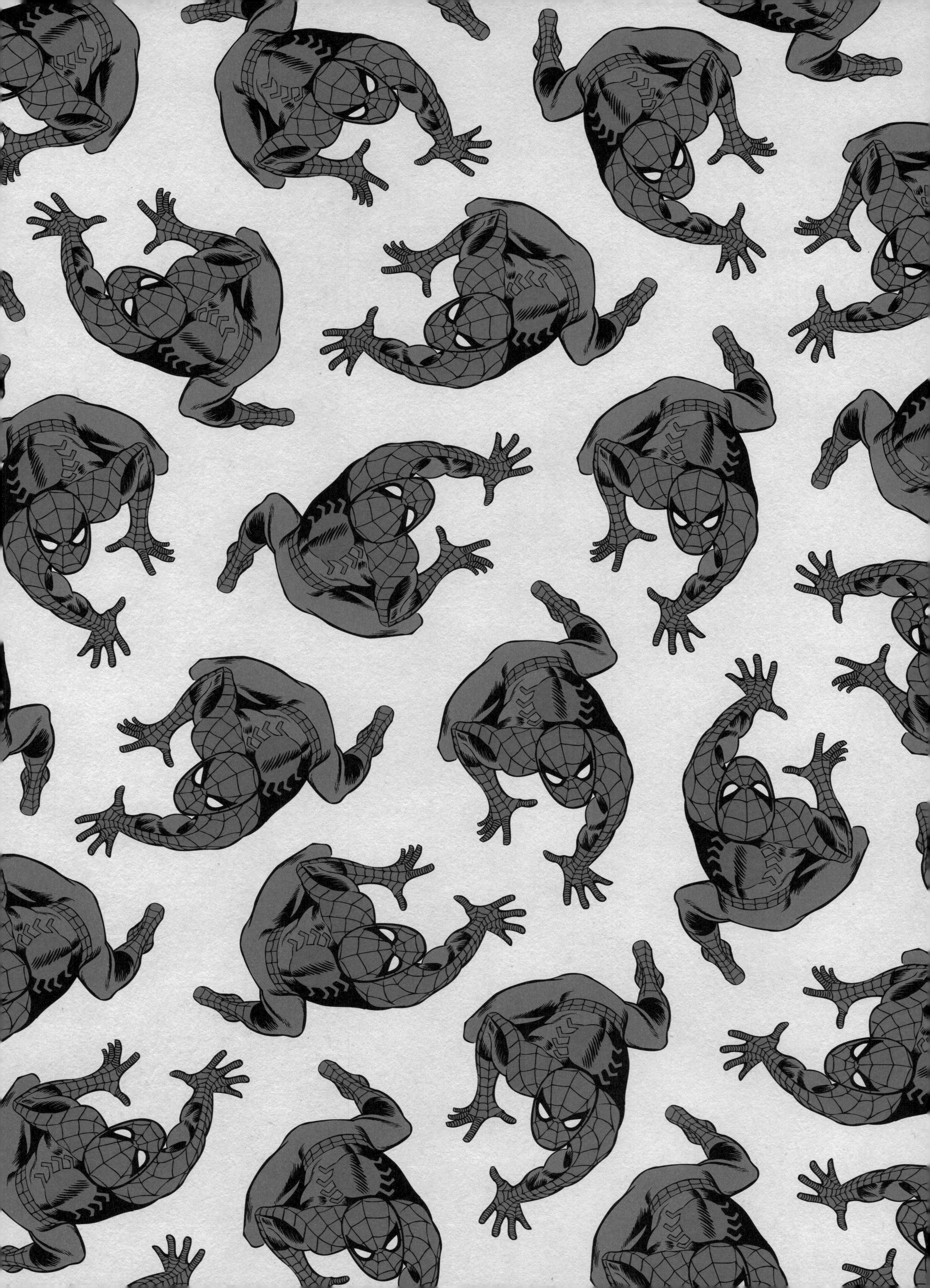

4장

짜릿한 스파이더 센스

스티브 딧코
스파이더맨
닥터 스트레인지
데어데블

스티브 딧코

은둔 생활을 하는 스티브 딧코는 유창한 언변의 스탠 리와는 여러 면에서 달랐다. 스티브 딧코는 펜실베이니아주의 작은 시골 마을 출신이고 스탠 리는 뉴요커였다. 스티브의 꿈은 늘 만화가였고 스탠의 꿈은 위대한 소설가였다. 스탠은 인터뷰를 무척 좋아했지만, 스티브는 오직 작품을 통해서만 세상과 소통하길 원했다. 스탠의 이야기에 자유로운 사상들이 담겨 있다면 스티브는 철학자 아인 랜드Ayn Rand의 객관주의 철학과 자유주의에 깊이 매료되어 있었다. 하지만 이렇게 극과 극인 두 사람의 절묘한 조화 덕분에 마블의 슈퍼 히어로들은 더없는 인기와 전성기를 누렸다.

1927년, 펜실베이니아주 존스타운에서 태어난 스티브는 어릴 때부터 만화를 아주 좋아해서 아버지와 함께 《프린스 밸리언트Prince Valiant》(중세 유럽을 배경으로 하는 판타지 만화–옮긴이) 연재만화를 탐독했다. 스티브는 자립할 형편이 되자마자 뉴욕으로 와서 '만화가와 일러스트레이터 학교Cartoonists and Illustrators School'(현재 스쿨 오브 아트School of Art의 전신–옮긴이)에서 배트맨의 그림 작가 제리 로빈슨Jerry Robinson에게 그림을 배웠다. 결단력과 타고난 재능 덕분에 만화업계에서 탄탄한 경력을 쌓던 그는 1954년 심한 폐결핵에 걸리면서 고향인 펜실베이니아로 돌아와 요양했다. 그로서는 만화 경력이 거의 중단될 뻔한 위기였다. 스티브가 건강을 회복할 무렵, 그의 작품에 깊은 인상을 받은 스탠 리가 그에게 공상 과학 단편 만화를 정기적으로 게재하는 작업을 맡겼다. 스탠은 스티브와의 작업을 유독 좋아했는데 스티브의 작업 방식이 '마블의 방식'과 잘 맞았기 때문이다. 스탠이 스티브에게 이야기의 윤곽과 줄거리를 알려 주면 스티브는 스탠의 이야기에 딱 맞는 작품을 그려 냈다.

스티브의 그림체는 당시 그 누구도 따라올 수 없을 정도로 표현력이 뛰어나고 극적이었다. 스티브는 여성 드레스의 섬세한 주름 표현부터 외계인이 손에 총을 쥔 모습에 이르기까지 모든 그림을 완벽하게 묘사할 정도로 끊임없이 연구했다.

스탠과 스티브는 《어메이징 어덜트 판타지Amazing Adult Fantasy(놀라운 성인 판타지)》를 함께 작업했다. 이 제목은 독자들에게 세련된 만화책이라는 느낌을 주기 위해 선택한 것이었다. 스탠은 새롭고 흥미진진하면서도 점점 성장하는 마블의 십 대 독자층의 마음을 움직일 수 있는 새로운 슈퍼 히어로를 원했다. 그렇게 새로운 영웅이 탄생했다. 바로 스파이더맨이다!

그림 설명

1: 《어메이징 어덜트 판타지》 #12
1962년 5월
스티브 딧코는 기존의 다른 만화가들이 시도하지 않았던, 고난과 불운의 캐릭터를 만들었다.

2: 《어메이징 어덜트 판타지》 #14
1962년 7월
스티브 딧코와 스탠 리는 스파이더맨이 탄생할 때까지 몇 년간 함께 작업했다.

3: 《어메이징 판타지》 #15
1962년 8월
스파이더맨 오리지널 이야기에서 스티브 딧코는 피터 파커를 늘 불안해하는 예민한 사람으로 표현했다.

4: 《어메이징 스파이더맨 연간 기획》 #1
1964년 10월
스티브 딧코의 자화상을 통해 당시 그의 작업실을 엿볼 수 있다.

2

I, THE GARGOYLE!
TO SOME, HE WAS THE UGLIEST MAN ALIVE! BUT, LUCKILY, THINGS ARE NOT ALWAYS WHAT THEY SEEM! FOR INSTANCE...
Stan Lee + S. DITKO
V-632
1

THE NEXT NIGHT...
SAY, DIDN'T YOU WANT TO GO TO THE PARTY?
NO! I CAN'T LEAVE MY DIAMONDS ALONE! I'VE GOT TO STAY WITH THEM!
BUT YOU CAN TAKE THEM WITH YOU--- YOU CAN WEAR THEM!
ARE YOU INSANE??! WHAT IF I LOSE THEM?? WHAT IF THEY'RE STOLEN??
I-I WAS HAPPY WITH THEM WHEN THEY WERE JUST FAKE GEMS! BUT NOW--NOW THAT THEY ARE REAL, I DARE NOT LEAVE THEM FOR A SECOND!
I DON'T TRUST ANYONE!
IN FACT, I'VE GOT TO TAKE THEM OUT OF THE SAFE! SOME ONE MIGHT DIG THRU THE WALL AND GET THEM FROM THE OTHER SIDE!
I'LL HOLD THEM! THEN I'LL KNOW I HAVE THEM!
AND FINALLY...
BERTHA, YOU'VE BEEN LOCKED IN THAT ROOM FOR DAYS! I HAVE SOME FOOD FOR YOU!
LEAVE IT OUTSIDE THE DOOR! I'LL GET IT LATER, WHEN I HEAR YOU WALK AWAY!
THUS, BERTHA GOT HER WISH! AND IT SEEMS THAT HOMER DID, TOO! FOR HE FINALLY FOUND THE PEACE AND QUIET HE HAD ALWAYS WANTED...!
DON'T WORRY, DEAR! IT'S LOCKED! YOU JUST STAY IN THERE WITH YOUR NECKLACE WHILE I KEEP GUARD OUT HERE!
HOMER! ARE YOU SURE THE DOOR IS STILL LOCKED?
DON'T YOU JUST LOVE HAPPY ENDINGS !!!
5

AND, A FEW MINUTES LATER, PETER PARKER FORGETS THE TAUNTS OF HIS CLASSMATES AS HE IS TRANSPORTED TO ANOTHER WORLD -- THE FASCINATING WORLD OF ATOMIC SCIENCE!
AND NOW FOR A DEMONSTRATION OF HOW WE CAN CONTROL RADIOACTIVE RAYS HERE IN THE LABORATORY...
BUT, AS THE EXPERIMENT BEGINS, NO ONE NOTICES A TINY SPIDER, DESCENDING FROM THE CEILING ON AN ALMOST INVISIBLE STRAND OF WEB...
A SPIDER WHOM FATE HAS GIVEN A STARRING, IF BRIEF, ROLE TO PLAY IN THE DRAMA WE CALL LIFE!
ACCIDENTALLY ABSORBING A FANTASTIC AMOUNT OF RADIOACTIVITY, THE DYING INSECT, IN SUDDEN SHOCK, BITES THE NEAREST LIVING THING, AT THE SPLIT SECOND BEFORE LIFE EBBS FROM ITS RADIOACTIVE BODY!
OW!
A-A SPIDER! IT BIT ME! BUT, WHY IS IT BURNING SO? WHY IS IT GLOWING THAT WAY??
MY HEAD-- IT FEELS STRANGE! I-I NEED SOME AIR!
LOOKS AS THOUGH OUR EXPERIMENT UNNERVED YOUNG PARKER!
TOO BAD! HE MUST HAVE A WEAK STOMACH!

WHAT'S HAPPENING TO ME? I FEEL-- DIFFERENT! AS THOUGH MY ENTIRE BODY IS CHARGED WITH SOME SORT OF FANTASTIC ENERGY!
HONK! HONK!
WRAPPED IN HIS THOUGHTS, PETER DOESN'T HEAR THE AUTO WHICH NARROWLY MISSES HIM, UNTIL THE LAST INSTANT! AND THEN, UNNOTICED BY THE RIDERS, HE UNTHINKINGLY LEAPS TO SAFETY--BUT, WHAT A LEAP IT IS!
THAT WAS ONE EGGHEAD WHO WON'T DAYDREAM ANY MORE WHEN HE CROSSES A STREET!
YOU CAN SAY THAT AGAIN!
3

Z Z Z Z Z Z
Steve Ditko

4

스파이더맨

스파이더맨을 그려 줄 그림 작가를 찾던 스탠 리가 처음부터 스티브 딧코를 마음에 둔 것은 아니었다. 그가 맨 먼저 찾아간 사람은 잭 커비였다. 하지만 잭 커비가 묘사한 스파이더맨은 거미의 능력을 주는 마법 반지를 찬 젊은이였는데, 이는 스탠 리가 구상하던 스파이더맨과 거리가 멀었다. 그래서 스탠은 스티브를 찾아가게 되었다.

스티브는 스파이더맨의 외모와 감정에 대해 확고했다. 그는 스파이더맨을 통해 십 대들의 삶을 현실적이고 정확하게 보여 주고 싶어 했다. 피터 파커(스파이더맨)은 잭 커비 스타일의 웅장한 슈퍼 히어로가 아니라 음지에서 쭈그리고 있는 나약한 인간이었다.

《어메이징 판타지》 #15(《어메이징 어덜트 판타지》 마지막 호에서 《어메이징 판타지》로 이름이 바뀜)는 평범한 책벌레였다가 방사능 거미에게 물리면서 놀라운 힘을 갖게 된 한 소년의 이야기다. 처음에 피터는 돈을 벌기 위해 이 능력을 사용했는데 삼촌 밴이 강도에게 살해당한 뒤 큰 심경의 변화를 겪는다. 자신이 그 사건을 충분히 막을 수 있었다는 자책감에 스파이더맨은 이 사건을 계기로 히어로가 되기로 결심했다. 이 이야기의 마지막은 '큰 힘에는 큰 책임이 따른다'는 유명한 말로 마무리되었다.

사실 마틴 굿맨은 스파이더맨이 마블에서 가장 인기 있는 캐릭터가 되리라고는 생각하지 못했고 스파이더맨 캐릭터에 확신도 없었다. 그가 《어메이징 판타지》에 스파이더맨을 넣는 데 동의한 것도 원래 들어가기로 했던 만화가 취소되었기 때문이었다. 스탠 리는 당시 상황을 이렇게 회상했다. "우리는 원래 《어메이징 판타지》 시리즈를 중단할 계획이었다. 어차피 마지막 호였기 때문에 어떤 이야기를 싣는다 해도 아무도 신경 쓰지 않는다고 생각했다." 하지만 《어메이징 판타지》 #15호의 판매량이 급증하면서 마틴 굿맨의 마음은 바뀌었고 급기야 1963년 초에 정식으로 스파이더맨의 이름을 단 《어메이징 스파이더맨The Amazing Spider-Man》까지 나오게 되었다.

1

2

팬들의 마음을 가장 크게 움직인 것은 스파이더맨의 인간적인 모습이었다. 피터 파커는 돈, 건강, 가족, 연애 문제로 늘 고민이 많은 데다 슈퍼 히어로의 책임감까지 떠안게 된 평범한 소년이었다. 스티브 딧코의 그림은 기존의 영웅물과 달랐다. 스탠 리는 이렇게 말했다. "스티브의 레이아웃과 그림체는 연재만화에 획을 그으며 그만의 독창적인 스타일을 만들었다. 이후 수년간 지속될 스타일, 스파이더맨을 다른 연재만화 캐릭터들과는 근본적으로 다르게 만들어 줄 스타일을. 뛰어난 속도감, 액션을 묘사하는 정교한 감각, 가장 기이한 상황조차 완전히 그럴듯한 상황으로 설득하는 스티브 딧코의 능력은 초창기 스파이더맨 이야기가 오늘날까지 계속 이어져 올 수 있게 만드는 중요한 원동력이 되었다."[8)]

약골에 늘 불안해 보이는 스파이더맨은 현실 세계의 십 대들의 모습을 보여 줬다. 스파이더맨의 얼굴에는 늘 걱정이 가득했다. 스티브 딧코는 촌스럽고 어리숙한 조나 제임슨과 연약한 숙모 메이 등 현실적이면서도 불안한 조연 캐릭터들을 그려내며 끊임없이 새로운 시도를 했다. 스파이더맨에게 그토록 많은 팬이 있는 것도 그가 현실적인 삶을 살고 있었기 때문이다.

1966년 스티브 딧코는 마블을 떠나면서 존 로미타 시니어John Romita Sr.에게 자리를 넘겨주었고 이후 몇 년 동안 존 로미타가 스파이더맨을 그렸다. 자리를 떠났어도 스티브는 이미 충분한 업적을 쌓아 두었다. 그의 작품은 수십 년이 넘도록 여러 세대를 거치며 성장과 변화를 거듭하면서 독자들의 마음에 살아 있기 때문이다.

그림 설명

1: 《어메이징 판타지》 #15
1962년 8월
잭 커비가 스파이더맨의 첫 표지 그림을 그렸고 내지는 스티브 딧코가 그렸다.

2: 《어메이징 스파이더맨》 #1
1963년 3월
스티브 딧코의 스파이더맨은 잭 커비의 다른 영웅들에 비해 더 날카롭고 호리호리한 모습이다.

3: 《어메이징 스파이더맨》 #19
1964년 12월
스파이더맨은 마블 유니버스의 중요한 일원이자 휴먼 토치의 친구였다.

4: 《어메이징 스파이더맨》 #33
1966년 2월
스티브 딧코는 작품활동의 끝을 향해 가고 있었다. 《어메이징 스파이더맨》 #33은 그의 작품 중 가장 강한 감정선을 보여 준 작품으로 꼽힌다.

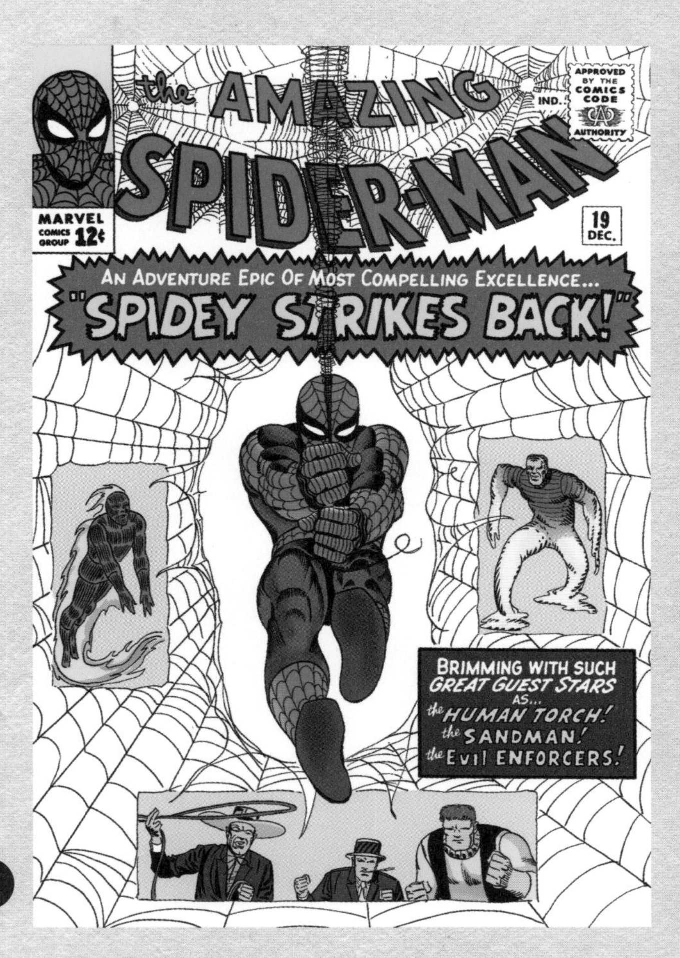

3

4

닥터 스트레인지

스탠 리와 스티브 딧코는 스파이더맨으로 함께 작업한 지 얼마 되지 않아 전혀 새로운 작품에서 다시 의기투합했다. 1963년 《스트레인지 테일즈Strange Tales(기묘한 이야기)》 #110에 처음 소개된 닥터 스트레인지가 그 주인공이다. 닥터 스트레인지는 거만한 외과 의사였는데 어느 날 차 사고로 손을 크게 다친 후 신비한 수련을 통해 마법사가 된다. 닥터 스트레인지는 뉴욕에 있는 생텀 생토럼Sanctum Sanctorum(거룩한 것 중의 거룩한 것이라는 의미로, 우리말로 하면 지극히 거룩한 장소인 지성소이다. 그리니치 빌리지 블리커 가에 위치한 이 집은 저주받은 귀신의 집으로 등장한다–옮긴이)에 거주한다.

닥터 스트레인지는 스파이더맨의 인기와는 견줄 수 없이 미미한 존재여서 처음에는 《스트레인지 테일즈》 뒷부분에 다섯 쪽 정도 분량의 이야기로만 소개되었다. 스트레인지라는 이름도 이 만화의 제목에서 따 온 것이다. 스탠 리는 그런 닥터 스트레인지에게 어쩐지 자꾸 마음이 갔다. 훗날 그는 이렇게 말했다. “나는 멋진 표현을 좋아한다. 그를 그저 닥터 스트레인지로 부르기엔 뭔가 부족했다. 그래서 제목에 마법의 마스터Master of mystic arts를 덧붙였다.”[9] 어쩌면 스탠 리도 처음에는 닥터 스트레인지가 성공하리라는 확신이 없었는지도 모른다. 독자들을 설득하기엔 캐릭터가 너무 딱딱했다. 하지만 우려와 달리 닥터 스트레인지 캐릭터는 단숨에 마니아층을 확보했다.

스탠 리의 다소 느슨한 작업 방식인 이른바 ‘마블 방식’ 덕분에 스티브 딧코는 스티브가 만든 기발한 캐릭터를 창의적이고 자유롭게 마음껏 탐닉할 수 있었다. 닥터 스트레인지가 넘나드는 공간은 현실 세계에서는 볼 수 없는, 정교하고 섬세한 디테일로 채워진 현란한 공간이다. 잭 커비가 판타스틱 포에서 만든 다양한 차원들이 신들의 거대한 놀이터였다면 스티브 딧코가 만든 영역은 무한히 반복되는 정교한 프랙털(단순한 구조가 끊임없이 반복되며 복잡하고 기이한 전체 구조를 만드는 것–옮긴이)이었다. 닥터 스트레인지는 무시무시한 도르마무 같은 악당뿐 아니라 나이트메어, 리빙 트리뷰널, 이터니티 같은 초우주적이고 추상적인 존재들과도 싸웠다. 현대의 심리학과 형이상학에서 아이디어를 얻은 이 웅장한 서사는 여느 이야기들과는 전혀 달랐다.

닥터 스트레인지는 스파이더맨만큼 큰 성공을 거두지는 못했지만, 자신만의 독자층을 확보했으며 스티브 딧코가 작품 활동을 하는 내내 큰 인기를 얻었다. 닥터 스트레인지는 특히 대학생들 사이에서 인기가 높았으며 일종의 반문화의 상징으로 여겨지기도 했다. 심지어 1968년 발매된 핑크 플로이드Pink Floyd의 두 번째 앨범 〈A Soucerful of Secrets〉 표지에 등장하기도 했다.

그림 설명

1: 《스트레인지 테일즈》 #122
1964년 7월

기존의 슈퍼 히어로들이 전형적인 악당들과 싸웠다면 닥터 스트레인지는 나이트메어나 로드 오브 드림스 같은 형이상학적인 적들과 싸웠다.

Dr. STRANGE MASTER OF THE MYSTIC ARTS!

"THE WORLD BEYOND"

featuring: "NIGHTMARE!"

ONCE AGAIN, THE MIGHTY MARVEL GROUP PROUDLY PRESENTS ***DR. STRANGE,*** THE WIDELY-ACCLAIMED SMASH SENSATION WHO HAS MADE BLACK MAGIC THE MOST FASCINATING NEW SUBJECT IN COMICDOM!

WRITTEN, WITH A TOUCH OF SORCERY BY....... STAN LEE
DRAWN, WITH A DASH OF NECROMANCY BY....... STEVE DITKO
LETTERED, WITH A NUMBER 6 PEN POINT BY....... ART SIMEK

X-696

데어데블

스파이더맨이 예기치 않게 큰 성공을 거두자 마블은 그 기세를 이어 나가기로 했다. 그리하여 1964년, 변호사 매튜 머독의 이야기인 데어데블이 출간되었다. 줄여서 '맷'이라 불리는 캐릭터는 어린 시절 사고로 시각장애인이 되었고, 이후 시각을 제외한 다른 감각들이 극도로 발달하게 되었다. 맷의 아버지이자 권투 선수였던 배틀링 잭 머독은 범죄 조직이 연루된 권투 시합을 거부한 후 살해당했다. 아버지를 잃은 맷은 데어데블이 되어 살인자들을 추적하기 시작했다. 당시 그는 붉은색과 노란색 의상을 입고 지팡이에 철곤봉을 감추고 다녔다.

《데어데블》#1은 스탠 리가 글을 쓰고 마블의 노련한 그림 작가 빌 에버렛Bill Everett이 그림을 그렸으며 잭 커비가 캐릭터 디자인에 참여했다. 빌 에버렛은 1939년 《서브마리너》 작업을 한 이후 《캡틴 아메리카》와 《휴먼 토치》를 포함해 여러 편의 공상 과학 작품에 간간이 참여해 왔다.

《데어데블》 첫 호는 에버렛의 펜 끝에서 탄생한 날렵하고 운동신경 뛰어난 맷이 펼치는 흥미진진한 모험담과 액션으로 가득했다. 당시 빌 에버렛은 마블의 정규직으로 일했는데 마감의 압박에 큰 부담을 느꼈고, 이에 마블은 새로운 그림 작가가 필요했다. 《데어데블》 #2는 EC 코믹스와 MAD 매거진에서 경력을 쌓은 노련한 편집자이자 그림 작가인 조 올란도Joe Orlando가 그림을 그렸다. #5부터는 EC 코믹스 출신의 또 다른 뛰어난 그림 작가 왈리 우드Wally Wood가 그림을 맡았고 #7에서 데어데블에게 세련된 붉은색 옷을 입혔다.

데어데블은 마블 유니버스에서 매우 중요한 역할을 차지했는데, 다른 캐릭터들과 끊임없이 교류했다. #2에서 벤 그림이 법률 자문을 얻기 위해 그의 사무실을 찾아오는가 하면 스파이더맨의 숙적인 일렉트로와 맞붙기도 했다. 마블 유니버스는 여러 이야기가 제각기 다른 갈래로 흘러가다가 다시 합해지기를 반복하는, 살아 숨 쉬는 하나의 유기적 세계였다. 이야기들이 서로 연결되어 또 다른 세계를 만든다는 이 거대한 야심은 다른 매체에서는 상상조차 할 수 없는 일이었으며 끊임없이 성장을 거듭한 마블에서만 오직 가능한 일이었다.

스탠 리에게도 데어데블이 새로운 독자층을 확보했다는 사실은 무척 의외였다. 몇 년 뒤 그는 이런 말을 했다. "데어데블에 얽힌 가장 소중한 기억은 수년간 독자들로부터 받은 수많은 편지들이다. 장애인을 돕는 단체 사람들이 보낸 편지들 특히, 시각장애인 관련 단체 사람들이 보낸 편지는 무척 소중했다. 이 편지들에는 데어데블의 모험을 바라보는 장애인 독자들의 따뜻한 이야기가 담겨 있었다. 그들은 비로소 자신들이 공감할 수 있는 영웅, 자존감과 자신감 회복에 큰 도움을 준 멋진 영웅과 그의 환상적인 모험을 만났다고 했다."[10)]

《데어데블》은 《스파이더맨》만큼 큰 인기를 얻지는 못했지만, 글 작가와 그림 작가에게는 캐릭터를 표현할 수 있는 더 넓은 지평을 열어 주었다. 《데어데블》이 나오고도 오랫동안 프랭크 밀러Frank Miller, 캐빈 스미스Kevin Smith, 브라이언 마이클 벤디스Brian Michael Bendis같은 작가들은 신념, 죽음, 명성, 용서 같은 화두를 말할 때 데어데블 캐릭터를 활용했다. 어쩌면 이런 방식은 기존의 슈퍼 히어로들에게는 적용할 수 없었던 새로운 방식이었는지도 모른다.

그림 설명

1: 《데어데블》 #1
1964년 4월
데어데블 첫 호는 엄청난 인기를 끌었던 스파이더맨에 버금가는 기대를 불러왔다.

2: 《데어데블》 #13
1966년 2월
잭 커비는 데어데블이 출간되자 표지와 내지에 멋진 작품을 그려 주었다.

3: 《데어데블》 #13
1966년 2월
데어데블은 마블의 여러 히어로 중에서 유독 몸을 부딪치며 싸우는 캐릭터다.

4: 《데어데블》 2권 #1
1998년 11월
영화제작자 캐빈 스미스는 《가디언 데블》의 획기적인 줄거리를 썼다.

1

THE ORIGIN OF DAREDEVIL
REMEMBER THIS COVER? IF YOU ARE ONE OF THE FORTUNATE FEW WHO BOUGHT THIS FIRST COPY-- YOU PROBABLY WOULDN'T PART WITH IT FOR ANYTHING!
the AMAZING SPIDER-MAN
12¢
2 GREAT FEATURE-LENGTH SPIDER-MAN THRILLERS!
CHAMELEON STRIKES!
NOW WE CONGRATULATE YOU FOR HAVING BOUGHT ANOTHER PRIZED FIRST-EDITION! THIS MAGAZINE IS CERTAIN TO BE ONE OF YOUR MOST VALUED COMIC MAG POSSESSIONS IN THE MONTHS TO COME!
WRITTEN BY....... STAN LEE
ILLUSTRATED BY... BILL EVERETT
LETTERED BY...... SAM ROSEN

2

HERE COMES... DAREDEVIL
APPROVED BY THE COMICS CODE AUTHORITY
MARVEL COMICS GROUP
13 FEB
IND.
THE MAN WITHOUT FEAR!
12¢
HOW CLOSE CAN YOU COME TO GUESSING...
"The Secret of KA-ZAR'S ORIGIN!"

3

THEN, SWIFTLY... SAVAGELY... LIKE TWO STEEL-SINEWED TITANS, THE SIGHTLESS SWASHBUCKLER AND THE JUNGLE LORD BATTLE AS FEW MEN HAVE EVER BATTLED BEFORE! KA-ZAR, GOADED BY AN UNCONTROL-LABLE FURY, SLASHING, STRIKING, SMASHING... BATTLING AGAINST A WORLD HE CANNOT UNDERSTAND DAREDEVIL, FIGHTING WITH THE SKILL AND POWER THAT HAVE MADE HIS NAME A LEGEND, SEEKING TO SUBDUE HIS SAVAGE FOE, WITHOUT INJURING THE UNTAMED GIANT...!
UNNHHH..!
NOW...
..KA-ZAR STRIKES!
NOT IF I CAN HELP IT!
THOOM!
WHITT!
WHEW! HE BOUNCES BACK LIKE A RUBBER BALL! I'VE GOT A FIGHT ON MY HANDS!
IF HE EVER GETS THOSE PAWS OF HIS ON ME...!!
..UHHH! JUST WHAT I WAS AFRAID OF!
HAH! KA-ZAR FAST AS JUNGLE CAT!
WELL, HERE'S WHERE YOU GET YOUR CLAWS PULLED, PAL!
URRHH!
BOK!
NONE ESCAPE FROM JUNGLE LORD!
KRAK!
UHH...
IT'S USELESS! I CAN'T MATCH HIS STRENGTH!
THWOK!
IF I HADN'T ROLLED WITH THAT BLOW, IT WOULD HAVE FINISHED ME!
BUT, I CAN'T QUIT NOW! THERE'S TOO MUCH AT STAKE!
HE'S ATTACKING AGAIN! I'VE GOT TO TIME THIS JUST RIGHT...!
15.

4

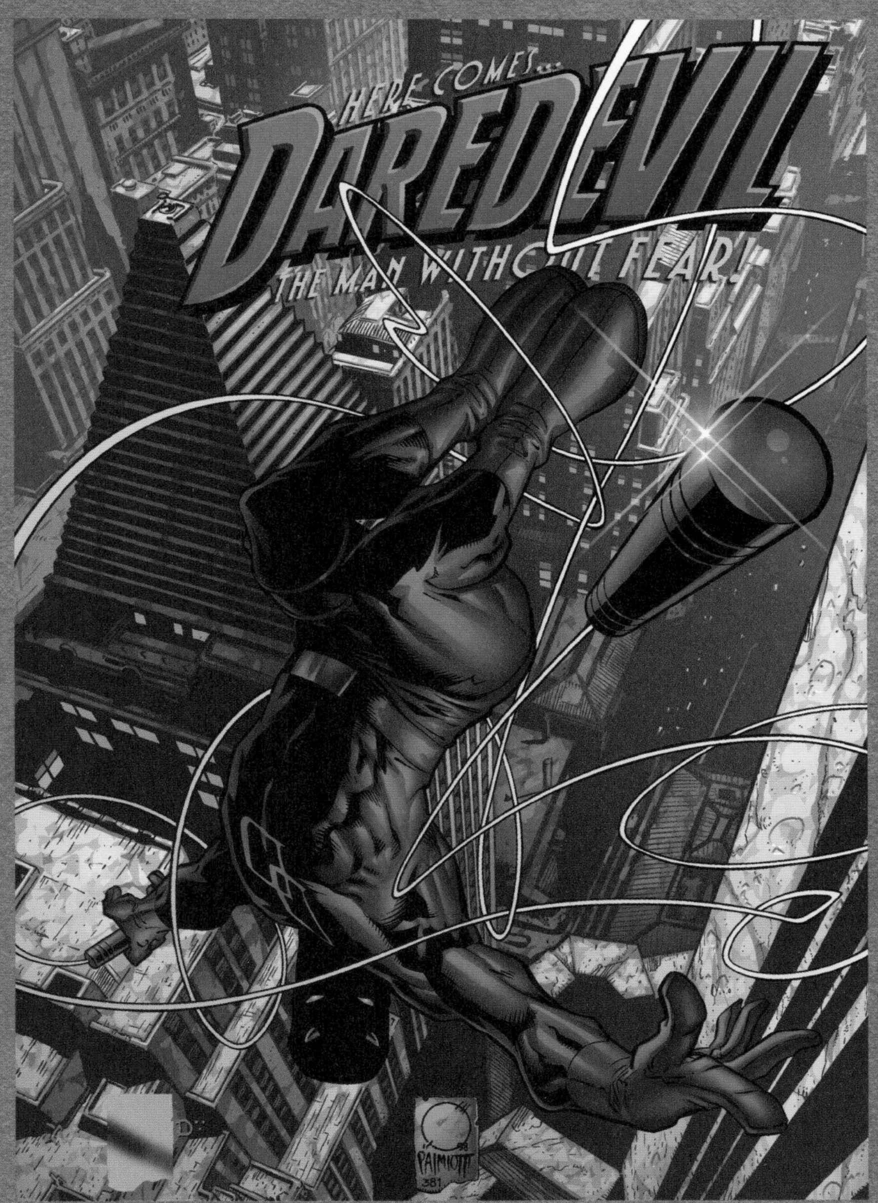
HERE COMES... DAREDEVIL
THE MAN WITHOUT FEAR!

마블 뮤지엄

5장

신념이 있다면 정면으로 맞서라

플로 스타인버그
로이 토마스
메리 마블 마칭 소사이어티

플로 스타인버그

마블은 이제 상상을 초월하는 거대한 기업으로 성장하고 있었고 스탠 리 혼자서 모든 것을 감당할 수 없는 규모가 되었다. 스탠 리는 1963년 플로렌스 스타인버그Florence Steinberg를 고용해 업무 보조 및 비서, 해결사 역할을 맡겼다. 이후 플로렌스는 플로렌스보다는 애칭인 '플로'로 더 친숙하게 불렸다. 24살의 나이에 역사를 전공한 플로는 이제 막 뉴욕에 와서 갓 회사에 입사한 신참이었고 만화에 대해 잘 알지 못했지만, 주당 65달러씩 받으며 성실하게 일을 배워 나갔다.

당시 마블 코믹스는 사실상 스탠 리가 혼자 운영하다시피 했다. 마블 만화는 마틴 굿맨이 운영하는 매거진 매니지먼트Magazine Management 회사에서 발간했는데, 스탠 리 혼자서 모든 일을 도맡아 하고 있었다. 마리오 푸조Mario Puzo, 미키 스필레인Mickey Spillane, 브루스 제이 프리드먼Bruce jay Friedman 같은 작가들은 모두 매거진 매니지먼트 회사 소속이었는데, 비서에게 줄거리를 읊어 주며 사무실 이곳저곳을 뛰어다니는 흥 많은 편집자 스탠 리를 다들 호기심 어린 시선으로 바라보았다. 프로덕션 매니저인 솔 브로드스키Sol Bridsky도 줄곧 함께 일하긴 했지만 사실상 마블에서는 플로가 스탠 리 다음으로 두 번째 정규직 직원인 셈이었다.

1

2

그리고 얼마 지나지 않아 플로는 마블에 없어서는 안 될 중요한 존재가 되었다. 스탠의 메모를 받아 적고, 작가들에게 작품을 받아내고, 독자들의 편지에 일일이 답장하고, 만화검열위원회Comics Code Authority에 만화를 보내는 업무는 물론 불쑥 마블 사무실을 찾아오는 원치 않는 손님들을 돌려보내는 업무까지 전부 맡았다.

플로는 몰래 사무실에 들어오려 하는 꼬마 손님들에게 이곳에 스파이더맨이 살긴 하지만, 지금은 강도를 잡으러 나가고 없다고 타일러 돌려보내곤 했다. 당시 마블에는 하루에만 백여 통의 편지가 쏟아져 들어왔고 플로는 모든 편지를 일일이 읽고 답장해 주었다.

플로는 정말 마블에 없어서는 안 될 귀중한 존재였기에 스탠은 플로에게 보내는 모든 문서 끝에 항상 '굉장한 플로 스타인버그'라고 칭찬을 해 주곤 했다. 1978년부터 나온《왓이프What If?》(마블 코믹스에서 다양한 상상력을 발휘해 이야기로 만든 특별판 개념의 코믹스-옮긴이) #11에는 잭 커비가 작업한 '마블의 창립 맴버들이 판타스틱 포가 된다면?' 편이 펼쳐졌는데, 이 이야기에서 플로는 수 스톰으로, 스탠 리는 리드 리처즈로 그려지기도 했다.

1968년 플로 스타인버그는 독립 만화에서 일하려고 마블을 떠났지만 1990년대에 다시 돌아와 교정자로 일했으며 2017년 사망할 때까지, 파트타임이긴 하지만, 마블에서 일했다.

그림 설명

1: 《왓이프》 1권 #11
1978년 10월
마블 직원들에게는 모두 별명이 있었는데 오직 플로만 '굉장한 플로'로 불렸다.

2: 《왓이프》 1권 #11
1978년 10월
이 책에서 잭 커비는 마블 직원들을 판타스틱 포 구성원으로 그렸다.

3: 《왓이프》 1권 #11
1978년 10월
플로와 스탠은 오랜 세월 돈독한 관계를 유지하며 일했다.

3

로이 토마스

로이 토마스는 다소 특이한 마블 직원이었다. 그는 오랫동안 마블 코믹스의 꾸준한 독자였고 늘 하우스 오브 아이디어스House of Ideas(아이디어의 집이라는 이 명칭은 마블의 애칭이다-옮긴이)에서 일하고 싶어 했다. 훗날 로이는 이렇게 말했다. "1961년 《판타스틱 포》 #1을 두 권 사서 처음 읽은 그날부터 나는 스탠 리와 잭 커비의 슈퍼 히어로 세계에 빠져들어 열렬한 팬이 되었다."[11] 로이는 마블과 DC코믹스 두 곳에 정기적으로 편지를 보냈고 그가 보낸 편지들은 판타스틱 포에 몇 번 실리기도 했다. "《판타스틱 포》 #3은 정말 굉장했습니다!"라든지, 《판타스틱 포》 #5에는 "《판타스틱 포》를 2년 동안 구독하고 있습니다. 이 시리즈가 앞으로도 오랫동안 계속 나오기를 바랍니다."라는 글을 써 보내기도 했다. 초창기 마블의 팬층에서 중요한 의견을 냈던 로이 토마스는 '알터 에고Alter Ego'라고 하는 만화 잡지의 편집자이기도 했다. 로이는 만화를 무척 좋아했다.

1965년, 영어 교사라는 직업에 만족하지 못했던 로이는 만화업계에서 일하고 싶은 꿈을 이루기 위해 미주리주의 잭슨 카운티를 떠나 뉴욕으로 왔다. 로이는 마블 코믹스에서 입사 시험을 치렀다. 시험 내용은 잭 커비가 그린 《판타스틱 포》에 말풍선을 비워 놓고 대사를 채우는 것이었는데 로이는 가볍게 통과하고 마블 코믹스의 보조 작가로 입사해 이후 편집자 보조가 되었다.

마블 코믹스의 가장 열렬한 팬이었던 그는 마블 세계관에 대해 훤히 알고 있었다. 마블 회사 내에서도 그보다 마블 코믹스의 내용에 대해 잘 아는 사람은 없었다. 스탠 리조차 자신이 직접 쓴 만화의 세부적인 내용을 로이에게 물어볼 정도였다. 로이는 스탠 리의 발자취를 성실히 따랐고 스탠도 로이를 신뢰하기 시작했다. 마침내 마블은 다양한 캐릭터들을 로이에게 맡기기 시작했다. 로이가 처음 맡은 슈퍼 히어로는 아이언맨이었다. 얼마 지나지 않아 그는 어벤져스, 판타스틱 포, 닥터 스트레인지, 액스맨 등을 작업했다.

1972년, 스탠 리가 마블의 사장이자 발행인의 자리에 오르자 로이가 편집장이 되었다. 편집장으로 일하면서도 로이는 여전히 《판타스틱 포》의 집필을 맡았다. 1980년 로이는 마블을 떠났지만, 이후에도 마블의 다양한 프로젝트에 참여하며 인연을 이어 나갔다.

그림 설명

1: 《판타스틱 포》 킹사이즈 특별판 #5
1967년 11월

잭 커비는 뒤쪽에 있는 마블 불펜 코너에 패러디 작품과 글을 실었다. 표지 왼쪽 밑에 로이 토마스의 모습이 보인다.

IS IT A TAFFY PULL? IS IT A MASSACRE? IS IT SOCIAL NIGHT IN A BEAR PIT? NO, YOU QUAINT AND QUERULOUS QUIXOTIC MARVEL MADMEN, THIS TRANSCENDS THE COMPLEXITY OF THE TV HILL BILLIES THEMSELVES!
THIS IS A PLOT?
WELL, TO BE REALLY FRANK, PUSSYCAT, IT'S AN ITTY-BITTY, RIBBY-TICKLE, JIM-CRACKY LITTLE LAUGH-GETTER OF A PUT-ON ON HOW PLOTS ARE HATCHED IN THE MARVEL ROOKERY! DON'T BE CHICKEN! SO WHAT IF IT IS A TURKEY! READ IT! IT'S ONLY THREE PSYCHEDELIC PAGES!
ON THE OUTSIDE, OUR NEW CHARACTER MUST BE SMOOTH, DASHING, CONTINENTAL--A TERROR IN TUXEDOS WHO CLEANS HIS FINGERNAILS BEFORE DEFUSING AN H-BOMB!
YEAH--BUT ON THE INSIDE, HE'LL BE A FUTURISTIC, MEDIEVAL PRIMITIVE WITH A CLEVER ANSWER FOR THE FORCES WHO WOULD OPPRESS THE WEAK--BUTCHERY!!
OH, NO--STAN AND JACK ARE AT IT AGAIN!
ALL YE WHO ENTER HERE--MUST BE OUT OF YOUR MIND!!
SLOP 'ART'
IRVING FORBUSH--THIS IS MOTHER--
CAVIAR
PHEASANT
BON BONS
SALAMI
RETURN TO NASA
SHAKESPEARE MADE SIMPLE
WHY DID I EVER QUIT MY NICE, QUIET JOB AT THE BOILER FACTORY?
PROPERTY OF BUDGET-SLASHING DEPT.
SHORT CIGARS FOR TALL EDITORS
'NUFF SAID!
LAUNDRY
A HERO SHOULD LOOK LIKE A HERO--LIKE ME--RASCALLY ROY THOMAS--MUSCLE OF THE MIDWEST!
IT HAD TO HAPPEN! JOLLY JACK NOT ONLY DREW THIS WHOLE FRENETIC FARCE, BUT HE ACTUALLY WROTE IT ALL BY HIS LONE-SOME! HIS PURPOSE, OF COURSE, IS TO SHOW THAT COMIC MAG CREATORS ARE JUST AS NORMAL, SANE, AND CONSERVATIVE AS ANY OTHER NUT!
INKED BY: FRANK GIACOIA
LETTERED BY: L.P. GREGORY
WEPT OVER BY: SORROWFUL STAN

메리 마블 마칭 소사이어티 MMMS

스탠 리는 마블에서 가장 중요한 것이 슈퍼 히어로나 수많은 타이틀이 아니라 바로 팬이라는 사실을 잘 알고 있었다.

마블 코믹스에는 '불펜 게시판Bullpen Bulletins'이라고 하는 코너가 따로 마련되어 있었는데, 스탠 리는 이 코너를 통해 독자들에게 최신 만화나 마블 작가와 그림 작가의 소식을 알려 주었다. 초창기에는 스탠이 유일한 정규직 직원이었기에(솔 브로드스키가 프리랜서 프로덕션 매니저였고 이후에는 플로 스타인버그가 합류했다) 그에게 마블 불펜은 거대한 아이디어 창고였다. 저마다 별명도 있었다. '미소 천사 스탠'(혹은 '스탠 더 맨Stan the Man'–아이언맨이나 스파이더맨처럼 스탠 리의 정체성에 마블 고유의 정체성을 더한 별명–옮긴이)에서부터 '즐거운 잭'(혹은 '킹 커비King Kirby')에 이르기까지 다양했다. 매일 엄청난 편지들이 사무실로 쏟아져 들어왔지만 '굉장한 플로 스타인버그'가 한 통도 빼놓지 않고 모두에게 답장해 주었다. 독자들은 마블 코믹스 직원들을 친근한 친구처럼 생각했다.

1964년, 마블의 팬클럽 메리 마블 마칭 소사이어티MMMS가 결성되었다. 이 팬클럽을 통해 독자들은 마블 회사와 한층 더 가까워졌다. 회비 1달러만 내면 마블에서 보낸 편지와 멤버십 카드, 회원증, 뱃지, 공책, '마블의 목소리'가 녹음된 테이프 등을 받았다. '마블의 목소리' 녹음 테이프에는(스티브 딧코를 제외한) 마블의 작가, 그림 작가, 직원들이 서로 농담이나 우스갯소리를 주고받는 대화가 녹음되어 있었다. 메리 마블 마칭 소사이어티는 큰 인기를 얻었고 회원 가입만 전담으로 처리하는 직원을 따로 두어야 할 정도로 크게 성장했다.

마블이 워낙 급속도로 성장하다 보니 이야기의 연속성에 오류나 실수도 더러 있었다. 하지만 스탠은 천재적인 기지를 발휘해 그런 상황을 잘 대처했다. 마블 코믹스에 내용상 오류와 왜 그것이 오류인지에 대한 설명을 보내 준 독자에게는 '상 없음 상'을 주었다. 처음엔 독자들의 오류 지적 편지를 독자 편지란에 수록했다가 나중에는 정말로 "축하합니다! 마블 코믹스의 '상 없음 상'에 당첨되셨습니다!"라는 문구가 적힌 봉투를 독자에게 보내 주었다. 당연히 봉투 안에는 아무것도 없었다. '상 없음 상'은 엄청난 인기를 끌었고 훗날 자선 사업이나 '마블의 공로상'을 수여하는 자리에서도 이 상이 수여되었다.

마블의 팬덤은 상상을 초월하는 규모와 속도로 성장했다. 1965년 잡지 〈에스콰이어Esquire〉에서 대학생들을 대상으로 가장 좋아하는 획기적인 우상을 뽑는 투표에서 스파이더맨과 헐크는 밥 딜런Bob Dylan과 체게바라Che Guevara와 같은 득표수를 얻었다. 스탠은 대학 캠퍼스를 다니며 강연을 시작했는데 그가 연사로 나오는 강연 입장권은 순식간에 동나기 일쑤였다. 어느 날 갑자기 모든 사람이 마블을 이야기하게 된 것이다! 1965년 이탈리아의 위대한 영화감독 페데리코 펠리니Federico Fellini가 마블을 방문해 스탠 리와 만난 자리에서 마블 코믹스의 열렬한 팬이라고 말하기도 했다. 이후 스탠이 로마에 있는 펠리니의 별장을 찾아가는 등 두 사람은 계속 연락을 주고받았다.

1

스탠은 팬들을 소중하게 대하지 않으면 만화가 살아남을 수 없다는 사실을 너무 잘 알고 있었기에 《판타스틱 포》 #24의 편지 코너에 이런 글을 써넣었다. "이곳 마블에서 일하는 우리의 목표는 독자들의 마음을 움직이는 좋은 이야기, 좋은 그림을 담은 만화를 만드는 것이다. 자랑스러운 만화를 만드는 일은 우리 제작자의 몫이자 팬들의 몫이다."[12]

그림 설명

1: 《판타스틱 포》 킹사이즈 특별판 #5
1967년 11월

메리 마블 마칭 소사이어티 회원들은 얼마되지 않아 마블 코믹스의 일부가 되었다.

6장

오라,
나의 엑스맨들이여

엑스맨

'엑스맨'은 원래 '판타스틱 포'의 성공에 활용하기 위해 기획된 슈퍼 히어로 팀 만화였지만 이내 판도가 뒤바뀌었다. 1963년 처음 선보인 이 영웅들은 평범하지 않게 태어났다는 이유만으로 세상의 멸시와 조롱을 받는 존재였다. 스탠 리가 이 영웅들을 위해 가장 먼저 만든 이름은 돌연변이라는 의미의 '뮤턴트'였다가 사람들이 뮤턴트의 의미를 제대로 이해하지 못한다는 얘기를 듣고 '엑스맨'으로 제목을 바꿨다.

스탠 리와 잭 커비가 만든 《엑스맨》은 찰스 자비에 교수(프로페서 X)가 돌연변이들의 돌연변이 유전자를 통제하기 위해 십 대 청소년들을 모아 만든 단체다. 스탠 리는 돌연변이들의 유래를 복잡하게 설명하기보다는 단순하게 풀어냈다. 늘 진지한 사이클롭스가 이끄는 이 팀에는 갑자기 털북숭이 짐승으로 변하는 비스트, 날개 달린 엔젤, 모든 것을 얼리는 아이스맨, 사람의 마음을 조종하는 마블걸 등이 있다.

'엑스맨'의 가장 주요한 적은 엄청난 자력을 지닌 돌연변이, 메그니토다. 자비에 교수는 인류와 돌연변이의 평화로운 공존을 바랐는데, 메그니토는 인류와 돌연변이가 공존할 수 없으며 지구상에서 인류는 말살되어야 한다고 믿었다.

얼마 지나지 않아 이 돌연변이 이야기는 자체적으로 생명력을 얻고 온갖 사회적 문제를 논의하는 주요 매개체가 되었다. 비폭력주의자인 프로페서 X와 전쟁을 꿈꾸는 메그니토의 싸움은 마틴 루터 킹Martin Luther King Jr.와 말콤 엑스Malcom X의 대립으로 비유되기도 했다. 같은 맥락에서, 돌연변이 유전자가 사춘기 무렵에 발현된다는 설정은 일각에서는 성소수자 문제를 다룬 것으로 보여지기도 했다. 메그니토가 나치 강제 수용소의 생존자로 밝혀지면서 그의 존재는 인간에게 상처받고 편견과 맞서 싸우는 대상이 되기도 했다. 엑스맨의 작가 크리스 클레어몬트Chris Claremont는 이렇게 말했다. "마블 유니버스에서 돌연변이들은 늘 저소득층과 소외계층을 상징하는 존재였다. 그들은 궁극적인 소외계층이었다."[13)]

1960년대 말 엑스맨 코믹스의 판매량이 급감하면서 작가 로이 토마스와 그림 작가 닐 애덤스Neal Adams는 하복이나 폴라리스 같은 새로운 캐릭터를 만들어 작품에 활기를 넣으려고 했지만 엑스맨을 가장 큰 위험에 빠트린 것은 독자들의 무관심이었다. 판매량이 계속 줄어들자 1970년 엑스맨은 새 이야기를 중단하고 지난 호를 다시 인쇄해 판매하기 시작했다.

하지만 침체기에 빠진 엑스맨 시리즈에도 변화가 다가오고 있었다.

그림 설명

1: 《언캐니 엑스맨》 #1
1963년 9월

엑스맨 첫 번째 호에서는 초능력을 가진 십 대들과 엄청난 자력을 가진 메그니토가 맞붙었다.

THE STRANGEST SUPER-HEROES OF ALL!
APPROVED BY THE COMICS CODE AUTHORITY
1 SEPT.
IND.
MARVEL COMICS GROUP 12¢
the X-MEN
IN THE SENSATIONAL FANTASTIC FOUR STYLE!
DON'T MISS THIS FABULOUS FIRST ISSUE!
X-MEN VERSUS MAGNETO EARTH'S MOST POWERFUL SUPER VILLAIN!!

완전히 새로운 각양각색의 엑스맨

《자이언트 사이즈 엑스맨》 #1은 엑스맨 코믹스의 거대한 돌연변이였다. 1975년 작가 렌 와인Len Wein과 그림 작가 데이브 코크럼Dave Cockrum은 기존의 엑스맨을 처음부터 완전히 새롭게 작업해 새로운 이미지로 더욱 역동적인 팀을 만들었다. 기존의 엑스맨 팀이 살아 움직이는 섬 크라코아에 갇히자 자비에 교수와 사이클롭스는 그들을 구하기 위해 완전히 새로운 엑스맨 팀을 꾸렸다.

만화 페이지 수도 많아지고 크기도 커졌으며 기존 영웅들의 이미지를 완전히 탈피한 새롭고 다양한 영웅들의 흥미진진한 활약상이 더해지면서 엑스맨은 완전히 달라졌다. 엑스맨은 더 이상 백인 학생들로 구성된 집단이 아니라 세계 각지에서 온 다양한 이들이 모인 팀이었다. 기존에는 전혀 볼 수 없었던 새로운 영웅들도 등장했다. 아프리카에서 온 스톰, 러시아에서 온 콜로서스, 독일 출신의 나이트 크롤러, 아메리칸 인디언인 썬더버드(썬더버드는 코믹스 #3에서 죽었다) 등 전혀 새로운 영웅들도 있었고 선파이어, 밴쉬, 울버린(각각 일본, 아일랜드, 캐나다 출신)처럼 기존의 영웅들도 있었다. 전 세계에서 판매되는 만화의 특성상 인종 및 문화에 대한 다양성이 요구되었고 다양성을 포용한 엑스맨의 정신은 이후 마블 코믹스에서 상당히 중요한 요소가 되었다.

결말도 새롭게 차별화되었다. 기존의 엑스맨 팀과 새로 꾸려진 엑스맨 팀은 어떻게 서로 힘을 합할 것인가? 이제 누가 엑스맨인가? 새로워진 엑스맨은 대단히 매력적이었고, 새로운 엑스맨이 출범한 지 얼마 되지 않아 독자들은 다시 엑스맨에 모여들었다. 훗날 스탠 리는 이렇게 말했다. “돌연변이 영웅들 한 명 한 명을 친구처럼 가깝게 느끼지 않았다면 독자들은 이 시리즈를 읽지 않았을 것이다. 돌연변이 영웅들에게 모두 뚜렷한 개성과 고유한 성격이 있었기에 독자들은 그들을 잘 아는 친구처럼 느끼고 이해하고, 공감할 수 있었다.”[14)]

《자이언트 사이즈 엑스맨》 #1 첫 페이지에 이런 문구가 쓰여 있었다. “과거의 잿더미에서 미래의 불길이 피어오른다.” 작가 렌 와인은 이 말을 쓸 때만 해도 저 말이 얼마나 옳은 말인지 잘 알지 못했다. 렌 와인은 이후 엑스맨 #94, #95까지 스토리 구상 작업을 하고 이후 작업을 크리스 클레어몬트Chris Claremont에게 넘겼다. 바야흐로 마블 코믹스 역사상 가장 인기 있는 시리즈가 막 태동하고 있었다.

그림 설명

1: 《자이언트 사이즈 엑스맨》 #1
1975년 5월
이 호에 공개된 새로운 엑스맨 팀은 엑스맨에 새로운 생명력을 불어넣었다.

2: 《언캐니 엑스맨》 #94
1975년 8월
새로운 엑스맨 팀은 기존의 엑스맨 팀 못지않은 높은 인기를 증명해 보였다.

3: 《언캐니 엑스맨》 #100
1976년 8월
이 무렵 엑스맨 시리즈를 흥미진진하게 만드는 요소 중에는 엑스맨 팀 내부의 갈등도 있었다.

GIANT-SIZE X-MEN
MARVEL COMICS GROUP
APPROVED BY THE COMICS CODE AUTHORITY
1 1975 02940
50¢
68 BIG PAGES
GIANT-SIZE
X-MEN
SENSES-SHATTERING 1ST ISSUE!
NEW! DEADLY GENESIS!
GK DEC

AND SO, IT BEGINS. THE DAYS--THE WEEKS--OF TRAINING, SIX HOURS A DAY, FIVE DAYS A WEEK. WEEK IN, WEEK OUT...
...UNTIL THE HALLS OF THIS OLD, VENERABLE WESTCHESTER MANSION SEEM TO ECHO AND RE-ECHO WITH THE SOUNDS OF BATTLE; UNTIL THESE NEOPHYTE X-MEN BEGIN TO WONDER IF THERE EVER WAS A TIME WHEN THEY WEREN'T FIGHTING FOR THEIR LIVES.
AND WHEN THEY FALTER, GIVE IN A LITTLE, GIVE UP, A VOICE SNAPS THEM BACK INTO LINE. A HARSH VOICE, ANGRY, BITING, MERCILESS.
THE VOICE OF THE MAN NAMED CYCLOPS, WHO DRIVES THE X-MEN HARD AND HIMSELF HARDER.
WHO TAKES SIX PROUD, UNIQUE INDIVIDUALS. SIX LONERS. SIX OUTCASTS...
...AND FORGES THEM INTO A TEAM.

ONCE, THEY HAD ALL BEEN... FRIENDS...
YOU'VE GOT ONE HECK OF A NERVE, BANSHEE!
WHERE DOES A TWO-BIT CROOK LIKE YOU GET OFF CALLING HIMSELF AN X-MAN?
HEADS UP, MIDGET!
LISTEN TO ME, ALL OF YOU--THERE IS NO NEED FOR VIOLENCE!
WE WISH NONE OF YOU ANY HARM--LET US SIT DOWN AND TALK! NIGHTCRAWLER, WE MUST MAKE THEM UNDERSTAND!
IT IS TOO LATE FOR UNDERSTANDING, STORM!
LOOK AT THESE SO-CALLED 'FRIENDS' OF OURS, ACTING MORE LIKE PANICKED HUMANS THAN X-MEN--LOOK INTO THEIR EYES!
THEY ARE OUT FO BLOOD, STORN OUR BLOOD.
SPLOT!
BOM!
I DO NOT UNDERSTAND THIS MADNESS--NOR WHY YOU SEEK OUR DEATHS A SECOND TIME, HAVOK--
--BUT IF YOU THINK MY COMRADES AND I ARE GOING TO GIVE UP WITHOUT A FIGHT--
--THINK AGAIN!
KILL THE IMPOSTERS, MY X-MEN!
KILL THEM ALL!!

다크 피닉스와 그 이후

몇 년 지나지 않아,《엑스맨》(현재는《언케니 엑스맨》이다)은 한낱 재발행본에서 마블 코믹스의 최고 판매량을 자랑하는 시리즈가 되었다. 크리스 클레어몬트가 글을 쓰고 존 번John Byrne이 그림을 그렸는데 이 두 작가의 불꽃 튀는 창의력은 판매량으로 직결되었다.

엑스맨 역사상 가장 충격적인 이야기는 '다크 피닉스 사가The Dark Phoenix Saga'일 것이다. 1980년, 마블의 편집장인 짐 슈터Jim Shooter는 인기작인《언케니 엑스맨》을 최대한 새롭고 재미있게 만들기 위해 노력했다. 엑스맨의 일원인 진 그레이는 초월적 힘인 피닉스 초능력을 갖게 된다. 훗날 짐 슈터는 이렇게 말했다. "크리스 클레어몬트는 마음속으로 피닉스 서사를 서서히 만들고 있었다. 피닉스가 자신의 힘에 의해 서서히 타락해 엄청나게 위험한 존재가 되는 이야기였다. 마블 코믹스답게 이 사건은 일시적인 속임수가 아니었다. 진 그레이라는 캐릭터 속성은 영구적으로 변했고 그렇게 그녀는 악이 되었다."[15] 크리스 클레어몬트와 존 번은 원래 피닉스가 무고한 사람들을 살해하고 시아에게 그 힘을 빼앗긴다는 이야기를 만들었다. 하지만 짐 슈터는 힘을 빼앗는 것만으로는 진 그레이의 처벌이 충분하지 않다고 생각했다. 수많은 논의 끝에 나온 결론은 피닉스(진 그레이)가 죽어야 한다는 것이었다. 이는 마블에게 있어서 쉽지 않은 문제였다. 진 그레이는 스탠 리가 만든 캐릭터였고 그녀의 죽음은 엑스맨 팀원들에게 무슨 일이든 일어날 수 있다는 느낌을 주었기 때문이다.

크리스 클레어몬트는《언케니 엑스맨》시리즈를 마블에서 가장 인기 있고 재미있는 타이틀로 만들기 위해 1980년대 내내 엑스맨에 매달렸다. 기존의 엑스맨 구성원에 엑스팩터(오리지널 엑스맨 팀원 중 일부로 결성된 팀)와 유럽 팀인 엑스칼리버, 젊은 팀인 뉴 뮤턴트(이후 엑스 포스가 됨)가 합류했다. 1991년, 이들 엑스맨 시리즈를 아우르는 제목이 다시 만들어졌다. 제목은 역시《엑스맨X-Men》이었다. 크리스 클레어몬트가 글을 쓰고 뛰어난 그림 작가인 짐 리Jim Lee가 그림 및 이야기 구성 작업을 함께했다. 새롭게 탄생한《엑스맨》#1은 하나의 사회 현상이 될 정도로 큰 인기를 끌었고 세계에서 가장 많이 팔린 만화책으로 기네스에 올랐다.

이전의 엑스맨 시리즈 편집자였던 루이스 시몬슨Louise Simonson은 무엇이 만화를 인기 있게 만드는지 잘 알고 있었다. 그는 이렇게 말했다. "《언케니 엑스맨》시리즈를 관통하는 주제가 있다면 그것은 변화다. 멜로디처럼 반복되는 이 개념은 엑스맨 서사를 영향력 있고, 효과적이며, 무시할 수 없는 이야기로 만들었다."[16] 하지만 엑스맨에 아무리 많은 변화가 있었다고 해도 엑스맨의 핵심 가치인 다양성, 포용성, 용기만큼은 변치 않았다.

그림 설명

1:《언케니 엑스맨》#135
1980년 7월
피닉스 대 엑스맨

2:《언케니 엑스맨》#136
1980년 8월

3:《언케니 엑스맨》#137
1980년 9월
피닉스는 죽어야만 한다!

4:《언케니 엑스맨》#137
1980년 9월
진 그레이의 마지막 순간

5:《엑스맨》#1
1991년 9월
엑스맨의 새로운 시대!

6:《엑스맨》#1
1991년 9월
만화책 역사상 가장 많이 팔린 책이 되다.

1

40¢ 135 JULY 02461
MARVEL COMICS GROUP
©1980 MARVEL COMICS GROUP
THE UNCANNY
X-MEN
DEFEATED BY
DARK
PHOENIX!

2

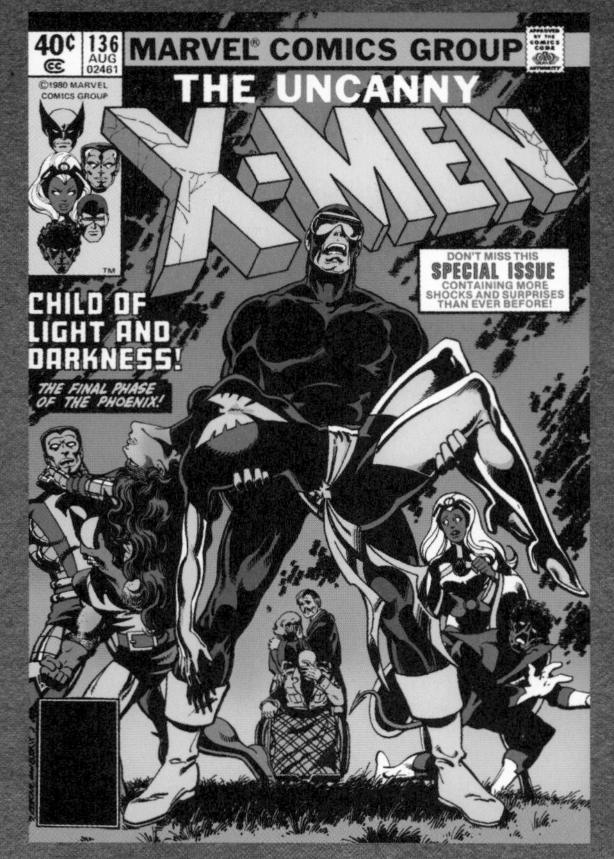
40¢ 136 AUG 02461
MARVEL COMICS GROUP
©1980 MARVEL COMICS GROUP
THE UNCANNY
X-MEN
DON'T MISS THIS
SPECIAL ISSUE
CONTAINING MORE SHOCKS AND SURPRISES THAN EVER BEFORE!
CHILD OF LIGHT AND DARKNESS!
THE FINAL PHASE OF THE PHOENIX!

3

MARVEL COMICS GROUP
75¢ 137 SEPT 02461
THIS MARVEL COMIC COULD BE WORTH $2500 TO YOU!
(DETAILS INSIDE)
©1980 MARVEL COMICS GROUP
SPECIAL DOUBLE-SIZE ISSUE!
X-MEN
PHOENIX MUST DIE!

YOU WANT ME TO FIGHT? I HAVE. I AM-- WITH ALL MY STRENGTH.
BUT I CAN'T FORGET THAT I KILLED AN ENTIRE WORLD-- FIVE BILLION PEOPLE-- AS CASUALLY, AS UNTHINKINGLY, AS YOU WOULD CRUMPLE A PIECE OF PAPER. I WANT NO MORE DEATHS ON MY CONSCIENCE.
YOUR WAY, I'D HAVE TO STAY COMPLETELY IN CONTROL OF MYSELF EVERY SECOND OF EVERY DAY FOR THE REST OF MY IMMORTAL LIFE.
"MAYBE I COULD DO IT. BUT IF I SLIPPED, EVEN FOR AN INSTANT, IF I... FAILED...
... IF EVEN ONE MORE PERSON DIED AT MY HANDS...
IT'S BETTER THIS WAY. QUICK. CLEAN. FINAL.
I LOVE YOU, SCOTT.
A PART OF ME WILL ALWAYS BE WITH YOU.
JEAN, NO. DON'T!
NO!
SCOTT!
JEAN!
YOU... PLANNED THIS, DIDN'T YOU?! FROM THE MOMENT WE LANDED ON THE MOON. YOU SHIELDED YOUR INTENTIONS FROM OUR RAPPORT, BUT JUST THE SAME I SHOULD HAVE GUESSED, I SHOULD HAVE REALIZED...
... THAT YOU COULD NOT BECOME DARK PHOENIX AND REMAIN TRUE TO YOUR SELF, THE JEAN GREY I KNEW, AND FELL IN LOVE WITH. SO, YOU TOOK STEPS TO ENSURE THAT, IF LILANDRA COULDN'T STOP YOU, YOU'D DO THE JOB YOURSELF.
YOU MUST HAVE PICKED THE MINDS OF THE KREE ANDSKRULL OBSERVERS, LEARNED WHAT ANCIENT WEAPONS WERE HIDDEN HERE. THEN, YOU USED YOUR FIGHT WITH THE X-MEN TO DRAIN YOU OF ENOUGH ENERGY TO MAKE YOU VULNERABLE. AND, FINALLY, WHEN YOU WERE READY, YOU... YOU...
OH, JEAN...
JEAN...

4

FORTY MILES NORTH OF NEW YORK CITY, JUST SHY OF THE CONNECTICUT BORDER, A COUPLE OF MILES DOWN GRAYMALKIN LANE FROM THE TOWN OF SALEM CENTER...
... ON THE GROUNDS OF AN ESTATE THAT PREDATES THE REVOLUTIONARY WAR (WHEN THIS COULD STILL BE CALLED "INDIAN COUNTRY")...
... STANDS PROFESSOR CHARLES XAVIER'S SCHOOL FOR GIFTED YOUNGSTERS.
A VERY SPECIAL SCHOOL.
FOR VERY SPECIAL PEOPLE.
BETTER KNOWN TO THE WORLD AT LARGE AS THE X-MEN.
PART OF WHAT MAKES THEM SPECIAL IS THAT THEY'RE MUTANTS...
... BORN WITH PARANORMAL ABILITIES THAT SET THEM APART FROM THE GENERAL RUN OF HUMANITY.
AND PART IS WHAT THEY CHOOSE TO DO WITH THOSE POWERS.
ASSAULT GROUP "A" ON-SCREEN, CYCLOPS--
--CONSISTING OF ROGUE, ICEMAN, ARCHANGEL AND COLOSSUS.
THANKS, BEAST.
FORGE. HOW ABOUT YOUR DEFENSIVE SYSTEMS?
READY TO ROCK-'N'-ROLL, CYKE.
THEY CAN HIT US ANYTIME.
X-MEN, THIS IS STORM.
THE OBJECT OF THIS EXERCISE IS TO PENETRATE THE MANSION'S FORTIFICATIONS...

5

$3.95 US
1
OCT
MARVEL COMICS
X-MEN

6

울버린

1974년《인크레더블 헐크》#181에서 처음 모습을 드러낸(엄밀히 말하자면 울버린이 처음 등장한 것은 #180의 맨 마지막 장이다) 울버린의 첫인상만 보면 그가 장차 엄청나게 인기 있는 캐릭터가 되리라고 예측하기 어렵다. 마블의 노련한 그림 작가 존 로미타 경John Romita이 캐릭터를 디자인하고 밑그림 작가 허브 트림프Herb Trimpe와 글 작가 렌 와인이 울버린을 만들었다. 이 만화에서 로건(울버린)은 이렇게 말했다. "누군가와 한 판 붙고 싶다면, 울버린과 붙어 당신의 운을 시험해 보는 건 어때?" 이 호에서 울버린은 호전적인 성격의 캐나다 정부 요원으로, 절대 부러지지 않는 아다만티움 뼈를 가진 돌연변이다. 울버린에게 아다만티움 뼈 외에도 대단히 예민한 감각과 돌연변이 치유 인자가 있다는 사실이 드러난 것은 나중이었다. 처음에 울버린은 그저 헐크의 싸움 연습 상대로만 보였을 뿐, 단발성으로 등장하는 여느 적들과 크게 차별화된 점이 없어 보였다.

로건은 1975년《자이언트 사이즈 엑스맨》#1에서 다시 나타나 새로운 엑스맨 팀의 일원이 되었다. 하지만 이때도 울버린의 잠재력은 딱히 드러나지 않았다. 그러다가 캐나다 출신의 그림 작가이자 구성 작가인 존 번이 팀에 합류하면서 울버린의 서사가 더욱 풍성해졌다. 울버린의 어둡고 우울한 본성은 팬들의 마음 어딘가에 닿았고 얼마 지나지 않아 울버린은 키티 프라이드를 포함해 다른 인기 있는 엑스맨들처럼 자신만의 타이틀을 가질 만큼 인기를 얻었다.

이야기 초반에는 로건의 과거가 드러나지 않았다. 웨폰 X로 알려진 캐나다 정부 기관 소속이었던 그는 과거의 기억 대부분을 상실했다. 1991년 윈저 스미스Windsor Smith가 쓴《마블 코믹스 프레젠트Marvel Comics Present》편에서 로건의 뼈에 아다만티움 물질을 주입하고 그를 완벽한 살상 병기로 만든 정부의 비밀 프로젝트가 상세히 다뤄졌다. 2001년 '오리진Origin' 편에서 그의 이야기가 더욱 자세히 다뤄졌다. 이 이야기에 따르면 울버린은 캐나다의 부유한 농장주의 사생아로(어쩌면 농장 관리인 토마스 로건의 사생아일 수도 있다) 돌연변이 능력이 발현되면서 고향을 떠났다.

엑스맨에서 일약 스타가 된 울버린은 곧 다른 슈퍼 히어로 팀에도 모습을 드러냈고 알파 플라잇, 어벤져스, 엑스 포스 등의 팀에서도 활약했다. 울버린은 뼈에서 아다만티움을 제거하고, 사이가 멀어진 아들과도 화해하고, 자신의 DNA를 복제해 만든 어린아이를 딸로 입양하고, 여러 번 죽음을 맞기도 했다.(울버린은 뛰어난 신체 회복 및 재생 능력으로 거의 죽지 않는다–옮긴이) 복잡하고 고뇌에 찬 성격 덕분에 울버린은 마블에서 가장 흥미로운 캐릭터 대열에 합류했으며 전 세계에서 가장 인기 있는 슈퍼 히어로 반열에도 올랐다.

그림 설명

1:《인크레더블 헐크》#181
1974년 11월
울버린은 첫 등장에서 헐크와 싸우고 웬디고와도 전투를 벌였다.

2:《울버린》#2
1982년 10월
이 이야기에서 울버린의 일본 여행은 그의 과거의 비밀들을 드러낸다.

3:《마블 코믹스 프레젠트》#83
1991년 8월
울버린이 겪은 끔찍한 '웨폰 X' 프로젝트의 구체적인 내용이 밝혀졌다.

4:《엑스맨》#11
1992년 8월
울버린은 엑스맨에서 가장 인기 있는 존재가 되었다.

1

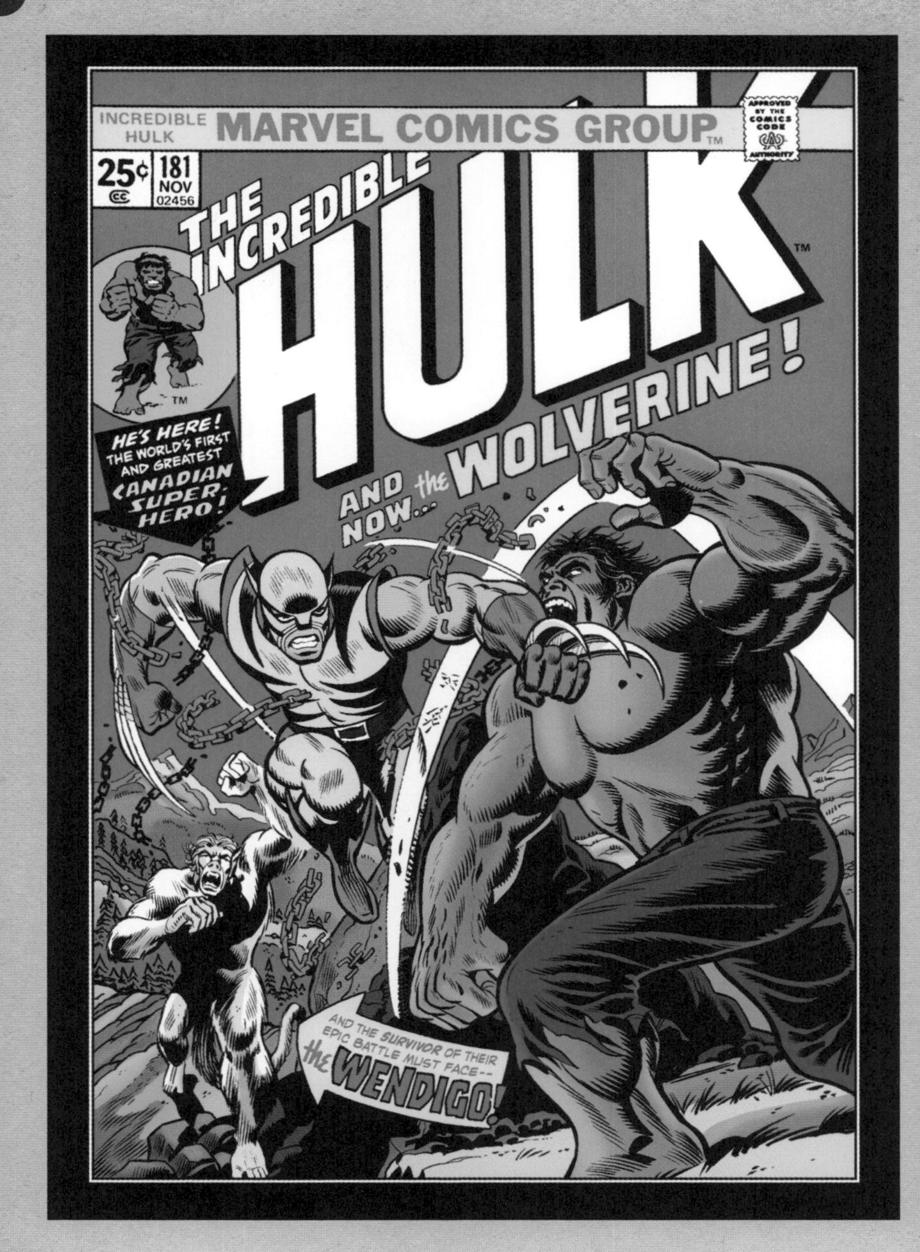
INCREDIBLE HULK
MARVEL COMICS GROUP
25¢ 181 NOV 02456
THE INCREDIBLE HULK
HE'S HERE! THE WORLD'S FIRST AND GREATEST CANADIAN SUPER-HERO!
AND NOW... the WOLVERINE!
AND THE SURVIVOR OF THEIR EPIC BATTLE MUST FACE-- the WENDIGO!

2

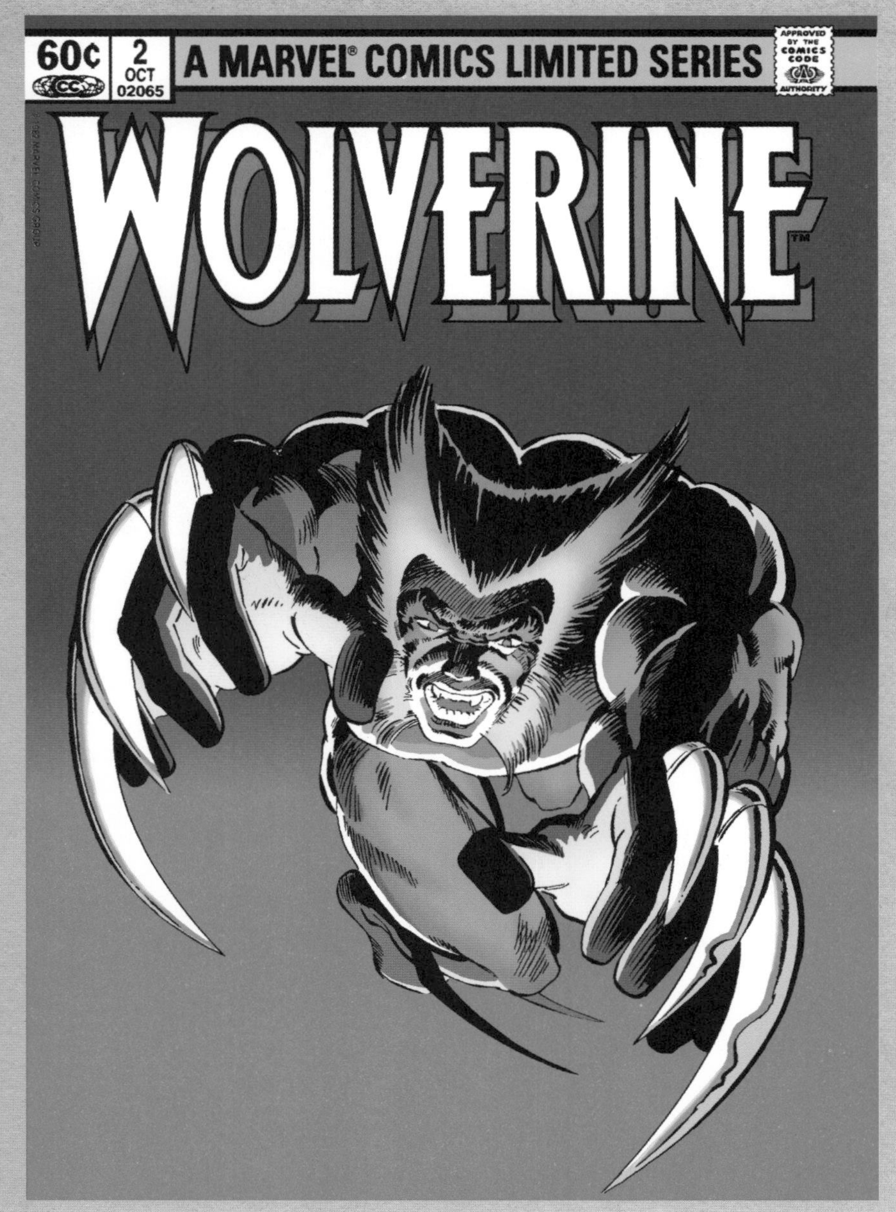
60¢ 2 OCT 02065
A MARVEL COMICS LIMITED SERIES
WOLVERINE

HE'S WITHIN ONE HUNDRED YARDS OF TARGET NOW.
AT THREE MINUTES.
NINETY-FIVE YARDS.
THREE AND TWENTY-SEVEN.
THIS IS THE FASTEST YET, EVEN WITH THE EXTRA WEIGHT.
HE'S DOWNWIND...
...HE HAS THE SCENT.
RATHER IMPRESSIVE.
CAMERA FIVE ON SUBJECT.
SNIKT
CLAW EXTRUSION...
...RIGHT HAND.
SOME BLOOD EVIDENT.
WE NEED SOME KIND OF TERMINALS THERE...
SOMETHING TO KEEP THE FLESH APART...
MAKE A NOTE, HINES.
YES, DOCTOR.
SWITCH TO CAMERA EIGHT AND BRING HIM IN CLOSE.
SWITCHING.
LESS THAN FIFTY YARDS, NOW-- TARGET IS COMING TOWARD MISTER LOGAN!

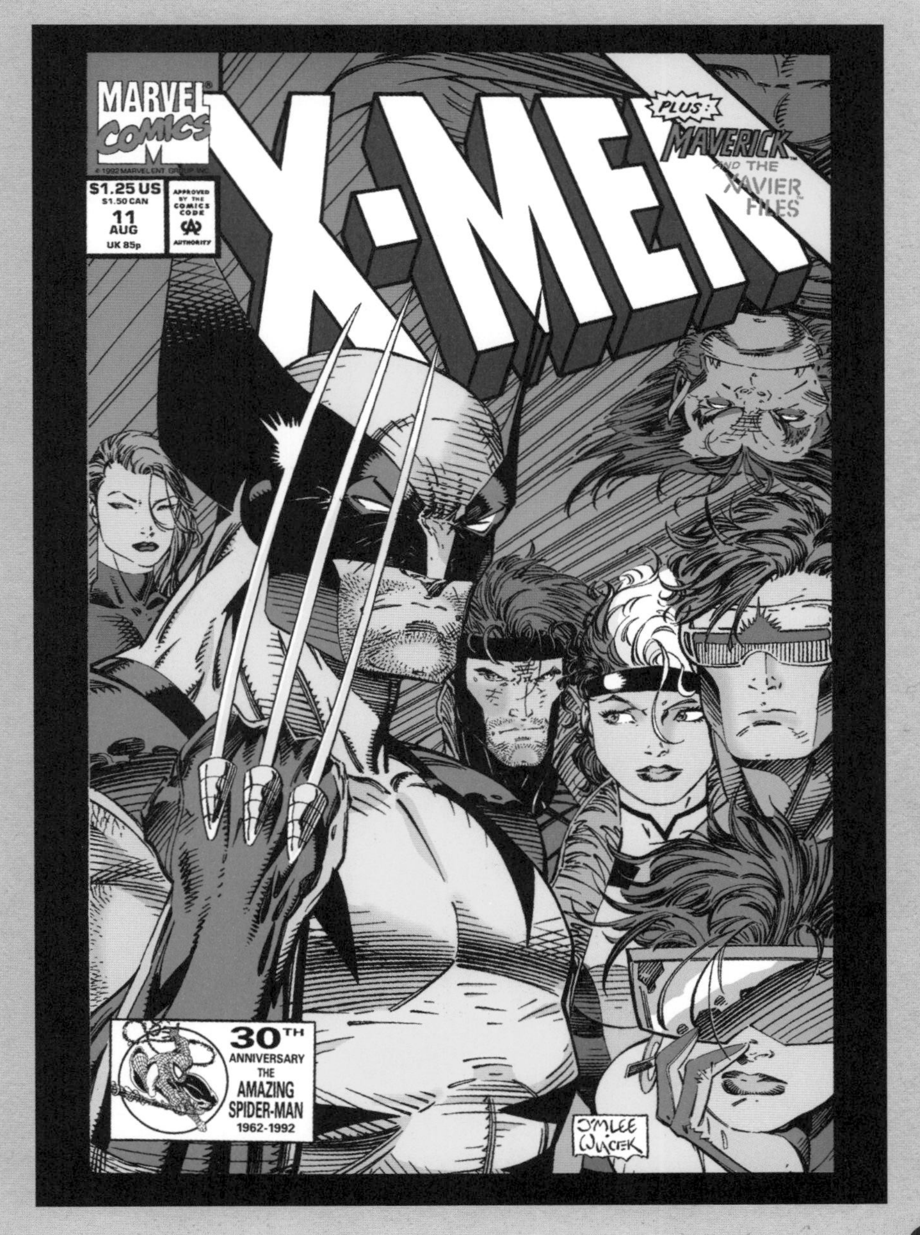
MARVEL COMICS
$1.25 US $1.50 CAN 11 AUG UK 85p
X-MEN
PLUS: MAVERICK AND THE XAVIER FILES
30TH ANNIVERSARY THE AMAZING SPIDER-MAN 1962-1992

3

4

마블 뮤지엄

7장

새로운 영웅

퍼니셔
캡틴 마블
고스트 라이더
블레이드

퍼니셔

“가장 치명적인 암살자! 그의 임무는 스파이더맨을 죽이는 것!”

《어메이징 스파이더맨》 #129에서 퍼니셔가 처음 모습을 드러냈다. 전직 해병대 출신에 본명은 프랭크 캐슬. 그는 지하 세계 청부 살인자들에게 가족이 살해당하는 사건을 겪은 후 홀로 범죄와의 전쟁에 나선다. 작가 게리 콘웨이Gerry Conway는 이렇게 설명했다. “스파이더맨과 일회성으로 대결을 벌일 단발성 캐릭터가 필요했다. 1970년대 초반은 암울한 시기였다. 거리엔 자경단(복수를 하는 사적인 단체의 단원-옮긴이)이 활보하고 고위층에는 부패가 만연했다. 스파이더맨이 악당 자칼에게 조종당해 악행을 저지르고, 언론은 그런 스파이더맨을 부정적으로 보도하고, 이런 언론을 믿은 자경단이 스파이더맨과 맞서 싸운다면 흥미로울 것 같았다.”[17)]

프랭크 캐슬의 상징인 해골 머리 문양은 원래 게리 콘웨이가 처음 콘셉트를 잡을 때만 해도 지금보다 훨씬 작은 크기였지만 아트 디렉터인 존 로미타가 해골 문양의 크기를 더 크게 해 달라고 요구했고 그림 작가 로스 앤드류Ross Andru가 퍼니셔의 가슴 전체를 덮을 만큼 크게 해골 문양을 그렸다. ‘퍼니셔’라는 이름은 이미 갤럭투스(마블 코믹스에 등장하는 캐릭터로, 우주의 별들을 먹어 치우는 거대한 존재-옮긴이)의 수하 중 한 명의 이름이었지만 스탠 리는 이 이름이 새로운 자경단, 프랭크 캐슬에게 잘 어울릴 것으로 판단했다. 당시 미국 만화검열위원회CCA는 영웅이 사람을 죽이는 내용에 관해 매우 엄격한 검열 기준을 적용하고 있어서 퍼니셔도 처음에는 치명적이지 않은 ‘충격용 소총’을 사용했다가 나중에 이른바 특수 탄환인 ‘자비의 총알’을 장착한 총을 소지하고 다녔다. 자비의 총알은 적을 죽이지는 않고 기절하게만 만드는 용도였다. 하지만 이렇게 순한 방식은 그리 오래가지 않았다.(1970년대 표현의 자유에 관한 목소리가 높아졌기 때문이다-옮긴이) 요즘의 퍼니셔는 악당을 만나면 두 번 고민하지 않고 즉각 총을 쏜다.

퍼니셔는 창작자조차 깜짝 놀랄 정도로 높은 인기를 얻었고 이내 캡틴 아메리카와 데어데블처럼 유명한 캐릭터들과 함께 등장했다. 프랭크 캐슬은 기존의 만화 캐릭터와는 다른, 새로운 유형의 인물이었다. 그는 고통을 간직한 반영웅적 인물이었으며 기존의 영웅들과 달리 어두운 면이 많았고, 대의가 아닌 사적인 사명을 가지고 활약했다.

프랭크 캐슬의 이름을 단 《퍼니셔The Punisher》, 《퍼니셔: 전쟁 지대The Punisher: War Zone》, 《퍼니셔: 전쟁 일지The Punisher: War Journal》 등도 나왔다. 2003년, 가스 에니스Garth Ennis와 데릭 로버트슨Darick Robertson은 베트남 전쟁 당시 프랭크 시대의 이야기를 통해 그의 가슴 속에서 거대하게 끓어오르는 분노와 폭력성을 설득력 있게 풀어냈다.

프랭크에게는 많은 동료가 있었다. 경찰, FBI, CIA, 쉴드SHIELD 등이 모두 그의 동료였지만 가장 가까운 동료는 마이크로칩이었다. 마이크로칩의 본명은 데이브 리버맨으로 컴퓨터 해커였는데 조카가 악당 킹핀에게 살해당한 후 퍼니셔를 돕기 시작했다. 마이크로칩은 프랭크에게 총기와 자금, 살인 계획 등을 제공했지만 퍼니셔의 극단적인 방법 때문에 마찰을 빚은 후 프랭크와 결별했다.

특유의 해골 문양과 범죄에 대한 무자비한 대처, 흔들리지 않는 확고한 도덕적 신념으로 무장한 퍼니셔는 마블의 어두운 면을 대표하는 캐릭터였다. 퍼니셔는 자신이 하는 일에 늘 강한 확신이 있었기에 도덕적으로 불안하고 부패가 만연한 사회 분위기에서 큰 인기를 누렸다. 군사 훈련으로 다진 전투 기술, 결단력, 절대 타협하지 않는 그의 굳은 의지가 강점이었다.

그림 설명

1: 《퍼니셔》 #1
1987년 7월

퍼니셔는 마블에서 가장 극단적인 성향의 캐릭터 중 하나로 범죄와의 전쟁에서 절대 굴하지 않는다.

MARVEL

#1 FIRST ISSUE OF AN UNLIMITED SERIES!

THE PUNISHER™

75¢ US
95¢ CAN
1
JULY
CC 02860

APPROVED BY THE COMICS CODE AUTHORITY

캡틴 마블

캡틴 마블이라는 이름은 마블 유니버스의 여러 캐릭터로 이어지는 성화 횃불이었다. 물론 캐릭터마다 배경은 다르지만……. 마블에서 이 칭호가 붙은 첫 캐릭터는 외계 행성에 있는 크리 종족 출신의 외계인, 마벨이다. 스탠 리와 진 콜런Gene Colan이 1967년에 만든 캡틴 마벨Captain Mar-Vell은 크리족의 상부에 반기를 들고 반란을 일으킨 뒤 지구의 수호자가 되었다. 이 캐릭터는 이후 10년 동안 여러 차례 변화를 거듭하다가 1982년 발간된 마블의 첫 단행본 〈캡틴 마블의 죽음The Death of Captain Marvel〉에서 죽음을 맞이했다. 이 책은 짐 스탈린Jim Starlin이 글과 그림을 맡았는데 짐 스탈린이 이 책을 내기 얼마 전 그의 아버지가 암으로 돌아가셨다. 그래서 이 만화책에는 죽음과 상실 그리고 수용의 메시지가 강하게 담겨 있다.

두 번째로 캡틴 마블 칭호를 단 캐릭터는 모니카 램보로, 크리족이었던 이전 캐릭터와는 완전히 다른 성향이었다. 강하고 자신감 넘치는 아프리카계 미국인 여성인 모니카 램보의 특수한 능력이 피터 파커(스파이더맨)의 스파이더 센스에 감지되었다. 전직 뉴올리언스 항만 경비대 중위였던 캡틴 마블(모니카 램보)은 악당의 무기인 에너지 교란기를 부수면서 에너지에 쏘여 초능력을 가진 존재로 변했다. 모니카는 어벤져스 팀에 합류했고 이 팀의 리더까지 되었다. 하지만 능력에 문제가 생긴 모니카는 캡틴 마블이라는 칭호를 포기했고 이후 포톤이라는 이름을 사용하다가 이후 펄서, 스펙트럼이라는 이름을 사용했다.

캐롤 댄버스는 마블 유니버스의 일원인 마벨만큼이나 역사가 오래된 마블 일원이다. 마벨이 마블 코믹스에서 두 번째로 등장하는 장면에 캐롤 댄버스도 등장했다. 당시 댄버스는 케이프 케네디 미사일 기지의 보안 책임자였는데 미사일 기지가 거대 외계 로봇의 공격을 받는 상황이었다. 캐롤 댄버스는 '프시케 마그네트론'(마블 코믹스에 등장하는 장치로 에너지를 생성하고 조작하는 장치-옮긴이)이라고 하는 크리 제국의 장치에 잡힌 후 한동안 마블 코믹스에서 자취를 감췄다. 그러다가 1977년 자신의 이름을 단 만화책에서 크리족의 힘을 토대로 한 새로운 힘을 갖추고 다시 등장했다. 미스 마블이라고도 불리는 캐롤 댄버스는 게리 콘웨이가 글을 쓰고 존 로미타가 캐릭터 디자인을 맡았다. 당시 캐롤 댄버스는 페미니즘 운동의 최전선에 배치하기 위해 기획된 캐릭터이기도 했다. 캐롤 댄버스는 언론사 편집장인 제이 조나 제임슨 밑에서 잡지 편집자로 일하면서 악당들과 싸우는 동시에 임금 평등을 위해 싸웠다. 원래 미스 마블은 남성이 점령하다시피 한 만화 산업에서 여성의 입지를 확보하기 위해 만든 캐릭터다. 이 만화의 작가 게리 콘웨이는 이렇게 설명했다. "의도하지는 않았지만, 이 책은 남자아이들만 놀던 나무 위 오두막집에 '여자아이들도 들어갈 수 있습니다.'라고 쓴 상냥한 표지판 같은 역할을 했다."[18)]

미스 마블은 어벤져스에 합류했고 크리스 클레어몬트가 작업한《언케니 엑스맨》에서도 꽤 비중 있는 조연으로 등장했다. 미스 마블은 새로운 힘, 새로운 외모, 새로운 슈퍼 히어로의 이름을 얻었다. 새로 얻은 이름은 바이너리였다. 이 힘들을 모두 잃은 후에는 워버드라는 이름을 사용하다가 다시 미스 마블로 돌아갔다.

2012년 마블은 새로운《캡틴 마블》코믹스를 출간했는데 작가는 캘리 수 디코닉Kelly Sue DeConnick 이었고 그림 작가는 덱스터 소이Dexter Soy였다.

캐롤이 캡틴 마블의 칭호를 갖게 된 것은 캡틴 아메리카의 권유 때문이었다. 캡틴 아메리카는 캐롤의 스승인 마벨의 이름을 기리는 의미에서 캡틴 마블 칭호를 쓰라고 권유했다. 새로운 캡틴 마블은 과감하고 새로운 외형에 인간미를 가졌으며 별들을 탐험하고 싶어 하는 초강력 캐릭터였다.

1

2

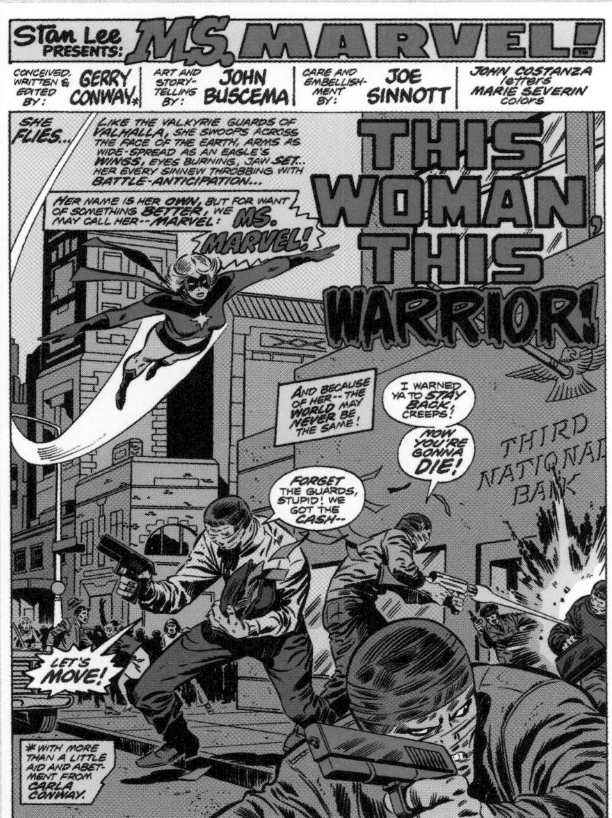

3

4

그림 설명

1: 《캡틴 마블》 #1
1968년 5월
첫 번째 캡틴 마블(진짜 이름은 마벨)은 캐롤 댄버스의 동료였다.

2: 《어메이징 스파이더맨 연간 기획》 #16
1982년 1월
모니카 램보는 두 번째 캡틴 마블이었고 이후 어벤져스의 리더가 되었다.

3: 《미스 마블》 #1
1977년 1월
캐롤 댄버가 슈퍼 히어로로 가진 첫 정체성은 미스 마블이었다.

4: 《캡틴 마블》 (2012) #1
2012년 7월
캐롤 댄버스의 캡틴 마블 복장은 제이미 맥켈비Jamie McKelvie가 디자인하고 애드 맥기니스Ed McGuinness가 그렸다.

고스트 라이더

고스트 라이더는 원래 작가 게리 프리드리히Gary Friedrich가 《데어데블》에 등장하는 악당 '스턴트 마스터'의 개정된 버전으로 구상한 캐릭터였다. 스턴트마스터는 실제 유명한 스턴트맨인 에빌 나이벨Evel Knievel을 모티브로 만든 캐릭터다. 그런데 당시 편집장이었던 로이 토마스Roy Thomas는 악마 같은 오토바이 라이더라는 설정이 단순히 악당으로 머물기에는 너무 아까울 정도로 멋지다고 생각했다. 그래서 1972년 《마블 스포트라이트Marvel Soptlight》 #5에서 새로운 영웅 고스트 라이더를 만들기로 했다. 그림은 마이크 플룩Mike Ploog이 맡았다.

마블에서는 이미 서부극에서 흰옷을 입고 가면을 쓴 고스트 라이더라는 이름의 캐릭터를 선보인 적 있지만 새로 만든 고스트 라이더는 그 캐릭터와는 전혀 달랐다. 이 만화에 등장하는 자니 블레이즈는 악마와 계약을 맺은 저돌적인 오토바이 스턴트맨이었다. 악마는 자니 블레이즈에게 고스트 라이더의 상징인 불타는 해골과 오토바이를 주며 말했다. "너는 어둠의 시간에서 나의 밀사가 되어 지구를 누빌 것이다." 고스트 라이더는 악마의 지옥 불과 타오르는 오토바이로 마블 캐릭터 중 가장 화려하고 눈에 띄는 외모를 지녔다. 그리고 그는 몇 년에 걸쳐 진화했고 불타는 머리와 타오르는 오토바이 바퀴 그 이상의 힘을 갖게 되었다. 가장 강력한 힘은 '참회의 시선'이다. 참회의 시선을 마주한 상대는 자신이 다른 사람에게 가한 모든 고통을 고스란히 견뎌야 한다.

자니 블레이즈는 수년 동안 자신의 이름이 걸린 만화에서 악을 벌하는 능력을 이용해 초인적인 힘을 지닌 악과 싸웠다. 조니 블레이즈의 영혼은 자라토스라 불리는 복수의 악령에게 매여 있었고 오랜 싸움 끝에 고스트 라이더의 저주에서 벗어나게 되었다. 이후 자니 블레이즈는 산탄총을 든 악마 사냥꾼으로 다시 돌아왔고 다시 고스트 라이더의 망토를 입었다.

자니 블레이즈 외에도 여러 캐릭터가 고스트 라이더가 되었다. 대니 캐치는 1990년대에 활약한 고스트 라이더로 신비로운 오토바이의 이글거리는 주유 뚜껑을 만졌다가 힘을 얻게 된 청년이었다. 대니의 능력은 조니와 비슷했는데 이후 둘은 오래전 헤어진 형제 사이임이 밝혀졌다. 좀 더 최근에 고스트 라이더가 된 캐릭터는 로비 레예스Robbie Reyes다. 그는 멕시코계 미국인 고등학생인데 해골 대신 매끄럽게 타오르는 금속 소재의 머리를 가지고 있다.

고스트 라이더는 어둡고 강력한 영웅이다. 퍼니셔와 마찬가지로 죄가 없는 사람들은 그 누구도 해치지 않지만 죄지은 영혼과는 온 힘을 다하여 싸운다. 고스트 라이더는 늘 신비하고 초자연적인 능력을 발휘하며, 악마 같은 얼굴 뒤에는 인간의 모든 감정을 가지고 있다.

그림 설명

1: 《마블 스포트라이트》 #5
1972년 8월

고스트 라이더는 마블에서 어둡고 초자연적인 서사를 보여주었다.

MARVEL SPOTLIGHT MARVEL COMICS GROUP

20¢ 5 AUG 02120 MARVEL SPOTLIGHT ON...

THE MOST SUPERNATURAL SUPERHERO OF ALL!

블레이드

만화검열위원회CCA의 분위기가 바뀌면서(1970년대는 기존의 엄격했던 만화 검열이 표현의 자유를 억압한다는 목소리와 부딪혀 마찰을 빚던 시기다-옮긴이) 호러 만화가 다시 유행하기 시작했고 늑대인간, 뱀파이어, 괴물 등의 이야기도 다시 돌아왔다. 늘 최신 유행에 민감했던 회사답게 마블에서도 1972년 《드라큘라의 무덤The Tomb of Dracula》을 내놓았다. 뱀파이어 만화에서 빼놓을 수 없는 존재는 뱀파이어 사냥꾼이다. 마블의 《드라큘라의 무덤》 #10에는 마브 울프만Marv Wolfman이 글을 쓰고 진 콜런이 그림을 그린 블레이드가 등장했다. 처음에 블레이드는 녹색 가죽 재킷에 탄띠를 두르고 수북한 곱슬머리에 노란색 선글라스를 착용한 채 거리의 비속어를 입에 달고 사는 전사였다. 진 콜런은 블레이드를 거친 남자로 묘사했다. 그는 첫 등장에서 드라큘라를 향해 이렇게 비아냥거렸다. “네가 트란실바니아에서는 대단한 녀석이었을지 몰라도 뱀파이어 킬러인 나, 블레이드가 있는 곳에서는 얼씬거릴 꿈도 꾸지 마!”

블레이드의 캐릭터는 흑백판으로 나온 《뱀파이어 테일스》 #8에서 더욱 구체화 되었다. 그의 어머니는 그를 낳다가 뱀파이어에게 살해되었는데 알고 보니 그 뱀파이어는 디컨 프로스트였다.(디컨 프로스트는 원래 인간이었다. 불멸을 원하던 과학자였던 그는 스스로 뱀파이어 피를 주입해 뱀파이어가 되었다-옮긴이) 블레이드의 본명은 에릭 부룩스로 1929년 런던에서 태어났으며 일평생을 자신의 어머니를 죽인 뱀파이어를 찾아다녔다. 태어날 때 생긴 사건 때문에 블레이드는 뱀파이어에게 물려도 감염되거나 죽지 않는 면역 효소를 타고났으며 뱀파이어에게 조종당하지도 않는다.

블레이드는 1990년대 마블의 《라이즈 오브 미드나잇 선즈Rise of the Midnight Sons》 크로스오버 편에서 다시 등장했다. 외모는 달라졌지만 그는 여전히 뱀파이어 사냥꾼이었다. 수북한 머리와 노란색 선글라스는 사라졌지만, 가죽 재킷과 두려움 없이 상대를 비웃는 듯한 모습은 여전히 그대로였다. 초능력 집단인 ‘나이트 스토커’ 팀의 일원인 블레이드가 선택한 무기는 특수하게 만들어진 사무라이 검이었다.

1998년 웨슬리 스나입스Wesley Snipes가 블레이드 역을 맡은 블록버스터 영화 ‘블레이드’가 나오면서 이 캐릭터는 다시 관심을 끌게 되었고 여전히 만화에서도 뱀파이어들과 싸움을 벌였다. 블레이드의 능력은 1999년 《피터 파커: 스파이더맨Peter Parker: Spider-Man》 #9에서 살아 있는 뱀파이어 모비우스에게 물리면서 달라졌다. 일반 뱀파이어에게는 물려도 아무 영향을 받지 않던 그였지만 모비우스는 생화학 실험이 실패하면서 뱀파이어 특성을 갖게 된 존재였고 그런 모비우스에게 물린 블레이드는 뱀파이어의 온갖 강점을 갖게 되었을 뿐 아니라 햇빛에도 취약하지 않게 되었다. 덕분에 블레이드는 낮에도 밖에 나와 활동할 수 있는 ‘데이워커’가 되었다.

블레이드는 혼자 활동하기를 좋아하지만 슈퍼 히어로 팀의 일원으로 몇 차례 활약했으며 뱀파이어 군단과 싸울 때는 어벤져스와 함께 힘을 합해 싸우기도 했다. 영국에서 태어난 배경 덕분에 캡틴 브리튼(마블에서 출간한 미니시리즈로 영국 정부 기관을 중심으로 한 이야기-옮긴이) MI-13 일원이 되기도 했다.

그림 설명

1: 《더 툼 오브 드라큘라》 #10
1973년 7월
블레이드의 외모는 시간이 흐르면서 계속 변했지만 뱀파이어를 대하는 그의 단호한 태도는 변함없었다.

2: 《더 툼 오브 드라큘라》 #10
1973년 7월
블레이드는 첫 등장부터 두려운 것이 없었으며 심지어는 드라큘라조차 두려워하지 않는 겁 없는 인물이었다.

3: 《블레이드: 아버지의 죄》 #1
1998년 10월
블레이드의 외모도 세월에 따라 달라졌다.

VAMPIRES? GET BACK, ELLEN. I'LL STOP--
YOU'LL DO NOTHING, MORTAL--
NO HUMAN CAN STOP DRACULA'S LEGION!
GET BACK-- PLEASE GET BACK.

STUPID WOMAN. YOU HAVEN'T THE STRENGTH TO BACK ME OFF--

BUT I DO, CREATURES OF THE DAMNED!
REMOVE YOUR HANDS FROM HER--NOW!
WHO--?

THEY CALL ME... BLADE!
BLADE--THE VAMPIRE KILLER!!

NOTHING IS IMPOSSIBLE FOR ME, FOOLS-- NOTHING!
NOT FOR ONE WHO CHANGES FORM FASTER THAN YOU DOLTS CAN THINK!
NO! IT CAN'T BE--!!

BUT IT IS, MORTAL-- DRACULA LIVES!
LIVES TO POSSESS THE SOULS OF HUMANS--
--OR DEMAND THEIR LOYALTIES AS THE LIVING DEAD!
I GAVE YOUR ULTIMATUM, HUMANS-- NOW GIVE ME YOUR ANSWERS!

THE ANSWER, SCUM--IS NEVER!!
BLADE!?!

I OWE YOU, BLADE-- OWE YOU FOR WHAT YOU DID TO MY THREE SOLDIERS--

THEY WERE GOOD MEN, BLADE-- THOUGH THEY DIDN'T POSSESS MY SPEED, MY STRENGTH--OR MY CUNNING--
BUT STILL, THEY DESERVE THEIR REVENGE-- AND THEY'LL HAVE IT--
--WITH YOUR DEATH!

TOMB OF DRACULA
MARVEL COMICS GROUP
20¢ 10 JULY 02143
APPROVED BY THE COMICS CODE AUTHORITY
THE TOMB OF DRACULA
DROP THAT GIRL, DRACULA, OR THIS WOODEN KNIFE WILL FINISH YOU OFF--FOREVER!!
MAYBE YOU'RE HOT-STUFF BACK IN TRANSYLVANIA, BUT NOBODY MESSES AROUND WITH--
BLADE--
THE VAMPIRE-SLAYER!

CHICAGO, THE PRESENT.
AAAAAAAAAAAAAAAAAAAAAAAAA

마블 뮤지엄

8장

은하계를 수호하라

가디언즈 오브 갤럭시
타노스
인피니티 스톤

가디언즈 오브 갤럭시

마블 유니버스에서 가디언즈 오브 갤럭시는 여러 팀이 사용했던 이름이다. 이들은 주로 여러 은하계와 여러 차원, 수천 년의 시간을 넘나들며 활동했고 이런 활동 내용에 따라 팀이 구분되었다. 첫 번째 팀은 글 작가 아놀드 드레이크Arnold Drake와 그림 작가 진 콜런이 1969년《마블 슈퍼 히어로즈 #18》에 30세기에서 온 시간 여행자 전사들을 소개하며 그 존재를 알렸다. 목성에서 온 찰리-27, 명왕성에서 온 마르티넥스, 센타우리 행성에서 온 욘두가 지구의 우주 비행사 반스 아스트로와 힘을 합해 외계에서 온 악당 바둔과 싸웠다. 이후 이 가디언즈 오브 갤럭시는 어벤져스와 함께 여러 모험을 펼치다가 1990년 자신들의 이름을 단 코믹스를 내게 되었고 이들의 이야기는 69편의 코믹스로 이어졌다.

그루트는 1960년《테일즈 투 애스토니쉬》에서 처음 선보였는데, 스탠 리와 잭 커비의 야심작인 그루트는 그때만 해도 어휘력도 상당히 풍부하고 매우 다혈질이었다. 스타 로드(피터 퀼)는《마블 프리뷰》#4에서 잘난척하길 좋아하는 우주비행사로 처음 등장했으며 자신의 어머니를 죽인 바둔 군대에게 복수하려고 모험을 펼쳤다. 로켓은 빌 만틀로Bill Mantlo와 키스 그리핀Keith Griffin이 구상한 영웅으로 1976년《마블 프리뷰》#7에 처음 등장했다. 로켓은 헐크와 쉬헐크She-Hulk에도 몇 차례 등장했지만 1985년, 자신의 이름을 달고 한정판으로 나온 시리즈 몇 개를 제외하면 활동이 뜸했다. 드랙스와 가모라는 둘 다 인피티니 스톤을 견제하기 위해 결성된 팀인 인피니티 워치의 일원이다. 드랙스 더 디스트로이어는 한때 아서 더글러스라는 이름으로 살았으나 타노스에게 가족을 잃은 후 변했다. 가모라는 원래 타노스가 입양한 딸이었지만 드랙스와 가모라는 함께 활약하며 팀 동료가 되었다.

위에 언급한 다섯 명의 캐릭터들은 모두 각기 활동하다가 2008년에야 마블 코믹스에서 우주를 아우르는 대하 만화《어나일레이션(전멸)》에서 한 팀으로 활약했다. 작가 댄 애브넷Dan Abnett과 앤디 래닝Andy Lanning은 마블 확장판에서 불협화음이 끊이지 않는 팀을 만들었다. 스타로드, 그루트, 로켓, 가모라, 드랙스는 모험을 사랑하고, 정의가 필요하다는 생각에 공감하며, 다른 곳에서는 도무지 어울릴 수 없는 성격이라는 공통점이 있는 캐릭터들이다. 이들은 우주를 구해야 하는 운명이지만 그 과정에서 서로의 말은 도통 듣질 않는다.

가디언즈 오브 갤럭시에는 아이언맨, 앤트맨, 씽 같은 마블의 충직한 영웅들이 함께했다. 겉에서 보면 조직이 느슨하고 천방지축인 듯 보여도 가디언즈 오브 갤럭시는 은하계를 위협하는 모든 악을 막아서는데 헌신적이고 막강한 팀이다. 댄 애브넷과 앤디 래닝은 이 팀을 이렇게 규정했다. "미래에 닥칠 재앙을 막기 위해서라면 불구덩이에라도 뛰어들 준비가 되어 있는 강인하고 적극적인 팀이다. 세상에는 더러운 일이라도 누군가는 해야 할 일들이 있다. 이런 일을 하는 존재가 바로 가디언즈 오브 갤럭시다."[19)]

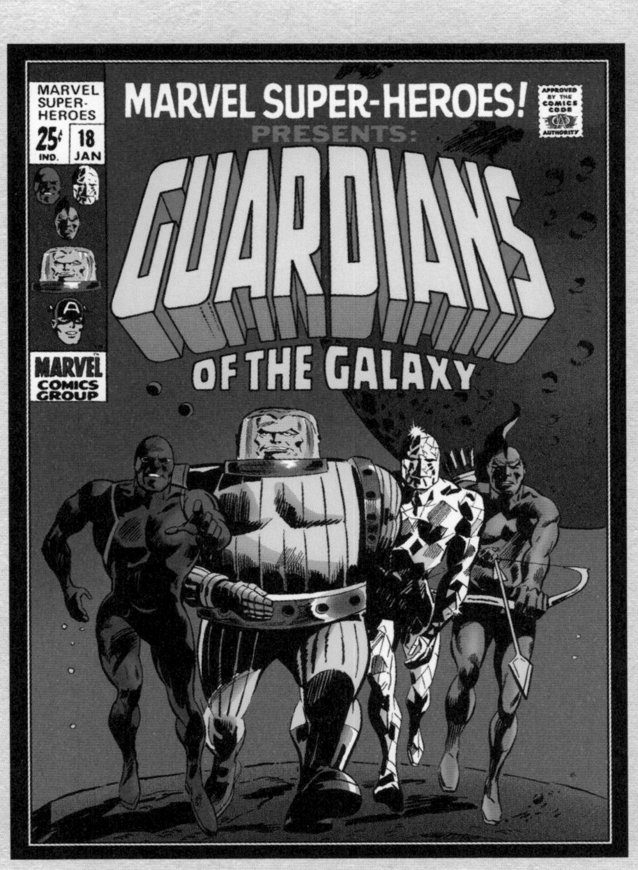

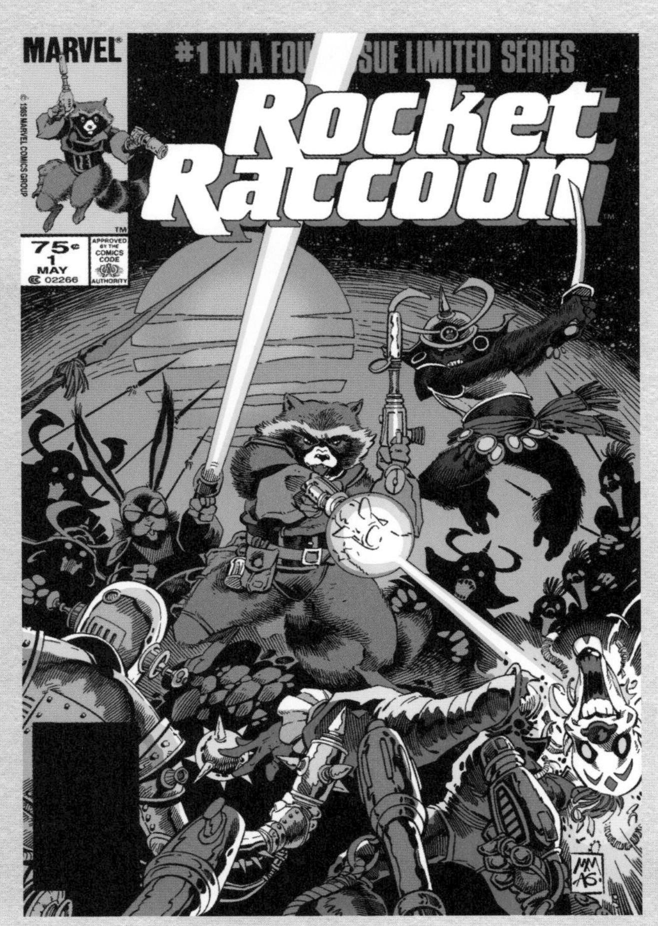

그림 설명

1: 《테일즈 투 애스토니쉬》 #13
1960년 11월
처음 모습을 선보인 그루트는 지금보다 훨씬 말도 잘하고 다혈질이었다.

2: 《마블 프리뷰》 #11
1977년 7월
혼자 은하 제국에 맞서는 남자!

3: 《마블 슈퍼 히어로즈》 #18
1969년 1월
최초의 가디언즈 팀 맴버는 찰리-27, 욘두, 마르티넥스와 리더 반스 아스트로였다.

4: 《로켓 라쿤》 #1
1985년 5월
로켓의 초기 모험을 다룬 코믹스의 부제는 《동물 크래커Animal Crackers》였다.

타노스

마블 코믹스에서 가장 인상적인 악당 타노스는 마블 유니버스에 길고 어두운 그림자를 드리웠다. 짐 스탈린Jim Stalin이 만든 타노스는 처음엔 단순히 은하계 지배에 눈이 먼 폭군이었지만 이후 그는 죽음 그 자체를 사랑하게 되었다. 이후 그의 목표는 오직 하나, 자신이 사랑하는 죽음의 비위를 맞추는 것이다.

《인빈서블 아이언맨》 #55에서 타노스는 타이탄(코믹스에서는 태양계에 존재하는 화성의 위성으로 나오지만 이후 영화에서는 이름만 타이탄이고 태양계에 존재하지 않는 다른 행성으로 나온다-옮긴이)이라고 하는 외계 종족으로 나온다. 타이탄의 지도자 멘터의 아들인 타노스는 고향에서 추방당한 뒤 잔혹한 성향의 성간 부대 수장이 된다. 초창기의 타노스는 자기 자신을 '최고의 존재, 타노스'라고 부르며 오직 복수와 권력만을 원하는 존재였다. 그러다가 죽음을 향한 광적인 집착을 드러내며 타노스는 더욱 어둡고 복잡한 캐릭터가 되었다. 초기 출연작에서 타노스는 캡틴 마벨이나 아담 워록과 싸우는 모습을 자주 보여 주었다. 아담 워록은 완벽한 인간을 만들기 위해 만들어진 개조 인간이었다.

죽음을 숭배하는 타노스는 살아 있는 자신의 시간을 소중히 여기며 오랜 세월에 걸쳐 다른 수많은 외계 종족과 동맹을 맺었다. 그는 젠-후버리 종족의 마지막 후손 가모라를 딸로 입양해 무적의 암살자로 훈련했다. 타노스가 기모라에게 특별한 부성애를 보이지는 않았지만 그의 훈련 방법은 대단히 효과적이었다. 이후 타노스는 블랙 오더라는 이름의 초강력 우주 팀을 결성했다. 이 팀은 프록시마 미드나이트(전투에서 창을 들고 싸우는 여전사), 코버스 글레이브(프록시마 미드나이트의 남편이자 타노스 부대의 2인자), 블랙 드워프(파괴되지 않는 피부를 지닌 거인), 에보니 모(사람의 마음을 조종하는 능력을 지닌 존재)가 구성원이다. 블랙 오더는 은하계에서 가장 막강하며 물리치는 것이 거의 불가능한 팀이다.

타노스 캐릭터는 단순한 우주 폭군에서 벗어나 더욱 사악하고 불안한 존재가 되어 갔다. 수많은 영웅들이 타노스를 그토록 두려워하는 이유는 그가 우주에 있는 모든 존재를 죽이기 전까지는 결코 만족하지 않으리라는 사실을 알고 있기 때문이다.

그림 설명

1: 《아이언맨》 #55
1973년 2월
아이언맨 #55에 드랙스와 타노스가 처음 등장했다.

2: 《캡틴 마블》 #28
1973년 9월
타노스는 마블 코믹스에서 가장 강력하고 무자비한 캐릭터 중 하나다.

3: 《인피니티 건틀렛》 #4
1991년 10월
인피티니 사가에서 타노스는 마침내 인피티니 스톤을 손에 넣었다.

4: 《인피니티 건틀렛》 #6
1991년 12월
역설적이게도 타노스의 내면은 평화롭고 단순한 삶을 갈망한다.

5: 《마블 투인원 연간 기획》 #2
1977년 12월
타노스는 마블 유니버스의 그 누구를 상대해도 이길 정도로 강한 존재다.

1

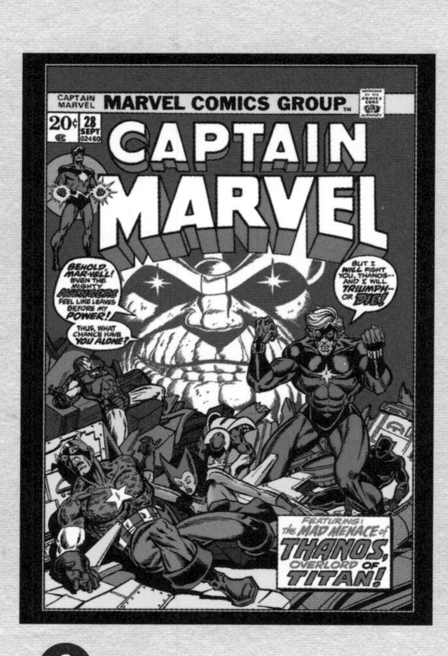

2

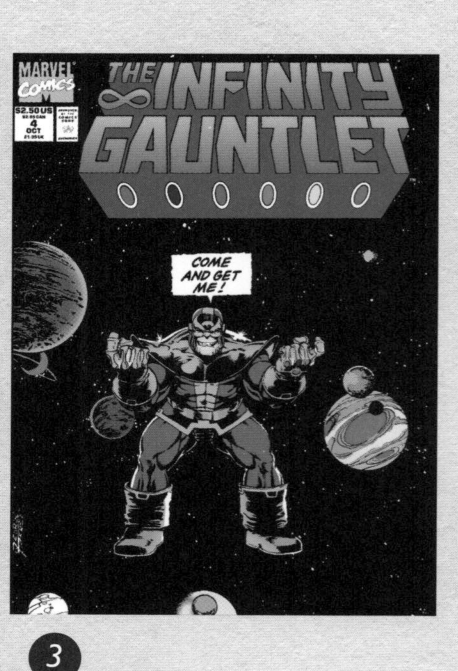

3

4

TWO-IN-ONE ANNUAL

2 | 1977 02348

60¢

MARVEL COMICS GROUP

KING-SIZE ANNUAL!

ALL NEW!

MARVEL TWO-IN-ONE™

PRESENTS

THE THING AND SPIDER-MAN™®

TO DUEL A MAD GOD!

TM

FEATURING: THE AVENGERS CAPTAIN MARVEL & THE EPIC VILLAINY OF THANOS!

인피니티 스톤

소울 젬을 시작으로 마블 유니버스에 인피니티 젬(나중에는 인피니티 스톤으로 불리게 되었다)의 존재가 서서히 알려졌다. 처음에는 인피티니 스톤의 완전한 힘이 알려지지 않았다. 이후《타노스 퀘스트The Thanos Quest》에서 타노스는 여섯 개의 인피티니 스톤이 시간 그 자체보다 오래되고 어마어마하게 강력한 유물임을 알게 되었다. 인피니티 스톤은 그 스톤을 소유한 존재에게 각각 영혼, 마음, 시간, 우주, 힘, 현실을 조종하는 능력을 부여하는데 이 스톤들이 모두 모이면 상호 반응을 일으켜 무한한 힘을 발휘한다.

이 인피티니 스톤을 모두 모으려고 시도한 존재는 타노스다.《어벤져스 연간 기획The Avengers Annual》 #7에서 타노스는 우주에 존재하는 모든 별을 파괴하려는 목적으로 이 스톤들을 손에 넣었지만, 어벤져스 팀과 스파이더맨, 씽에게 저지당했다. 우주의 장로인 존재들이 이 스톤들을 모아 숨겼지만 타노스가 다시 이 스톤들을 찾아냈다. 타노스의 원대한 목표는 인피티니 스톤을 모두 모아 인피티니 건틀렛에 넣는 것이었다. 이 어마어마한 힘만 있으면 눈 깜박할 사이에 우주에 존재하는 모든 생명체의 절반을 소멸시킬 수 있기 때문이었다.《인피니티 건틀렛》 사가에서 마블의 모든 영웅들이 힘을 모아 타노스를 저지하려 했다.《인피니티 건틀렛》 코믹스가 큰 의미가 있는 이유는 영웅들의 절박함에 있다. 마블의 모든 영웅이 필사적으로 싸웠지만, 인피니티 스톤 앞에서는 아무것도 할 수 없었다. 결국 타노스가 실패한 이유는 그 자신의 잔인함 때문이었다. 그는 우주 해적 네뷸라를 사이보그로 만들어 애완동물처럼 잔인하게 다루며 훈련했는데 그가 한눈을 판 사이 네뷸라가 그의 건틀렛을 훔치는 데 성공하면서 우주는 균형을 되찾았다.

한동안 인피니티 스톤은 일루미나티가 보관했다. 일루미나티는 리드 리처즈, 토니 스타크, 자비에 교수 등 영웅들이 모인 집단으로 마블 유니버스의 원활한 운영을 위해 만든 단체다. 이후 인피니티 스톤들은 스스로 지성을 가지고 우주를 떠돌아다니며 자신들의 주인을 찾아 선택하게 되었다. 인피니티 스톤을 거쳐 간 주인은 많았지만 타노스에게 인피니티 스톤은 우주에서 가장 위대한 힘이자 자신의 궁극적인 사랑인 죽음을 감동하게 해 줄 기회였다.

인피니티 스톤이라는 개념이 성공을 거둘 수 있던 이유는 이 스톤이 마블의 장점들을 가장 잘 보여 주기 때문이다. 마블 코믹스에는 엄청난 힘이 있다. 마블 코믹스에는 현실을 토대로 다양한 시공간을 넘나들며 가장 강력한 존재들이 등장한다. 그리고 모든 캐릭터에게는 저마다의 영혼이 있다.

그림 설명

1:《타노스 퀘스트》 #2
1990년 1월

인피티니 스톤을 통제할 만큼 강한 존재는 거의 없다.

마블 뮤지엄

9장

자료실

색인

참고 자료

1) 스탠 리와 빌 에버렛 *1991, Marvel Masterworks 17, Daredevil, Volume 1. New York: Marvel, pp. 28.*

2) 스탠 리, 잭 커비, 스티브 딧코 *1989, Marvel Masterworks 8, The Incredible Hulk Volume 1. New York: Marvel, pp. 7.*

3) 스탠 리와 잭 커비 *1993, Marvel Masterworks 18. Mighty Thor; Volume 1. New York: Marvel, pp. 6.*

4) 스탠 리와 진 콜런 *2008, Marvel Masterworks 93, Captain America, Volume 4. New York: Marvel, pp. 8.*

5) 스탠 리와 잭 커비 *2000, Marvel Masterworks 28, Fantastic Four Volume 6. New York: Marvel, pp. 8.*

6) 스탠 리와 돈 핵 *1990, Marvel Masterworks 45, Invincible Iron Man, Volume 2. New York: Marvel, pp. 7.*

7) 스탠 리, 잭 커비, 돈 핵 *1990, Marvel Masterworks 4, The Avengers, Volume 1. New York: Marvel, pp. 6.*

8) 스탠 리와 스티브 딧코 *1987, Marvel Masterworks 1, Amazing Spider-Man, Volume 1. New York: Marvel, pp. 8.*

9) 스탠 리와 스티브 딧코 *1992, Marvel Masterworks 23, Doctor Strange, Volume 2. New York: Marvel, pp. 8.*

10) 스탠 리와 빌 에버렛 *1991, Marvel Masterworks 17, Daredevil, Volume 1. New York: Marvel, pp. 6.*

11) 스탠 리, 로이 토마스, 잭 커비 *2004, Marvel Masterworks 38, The Avengers, Volume 4. New York: Marvel, pp. 6.*

12) 스탠 리 *1964, Fantastic Four #24. New York: Marvel, pp. 23.*

13) 크리스 클레어몬트와 브렌트 앤더슨 *1982, X-Men: God Loves, Mon Kills. New York: Marvel, pp. 4.*

14) 스탠 리와 잭 커비 *1989, Marvel Masterworks 11, Uncanny X-Men Omnibus, Volume 1. New York: Marvel, pp. 6.*

15) 크리스 클레어몬트와 존 번 *1984, Phoenix: The Untold Story #1. New York: Marvel, pp. 43.*

16) 크리스 클레어몬트와 존 번 *2015, Marvel Masterworks 214, Uncanny X-Men Omnibus, Volume 9. New York: Marvel, pp. 8.*

17) 게리 콘웨이와 길 케인 *Marvel Masterworks 11, Amazing Spider-Man, Volume 13. New York: Marvel, pp. 8.*

18) 게리 콘웨이와 존 부세마 *2014, Marvel Masterworks 211, Ms. Marvel, Volume 1. New York: Marvel, pp. 8.*

19) 댄 애브넷과 앤디 래닝, 톰 라니, 알브스 웰링턴 *2008, Annihilation: Conquest #6. New York: Marvel, pp. 38.*